D1931284

»Die Wohlstandsfrage – 6 Visionen für nachhaltiges Wachstum«

Herausgegeben von der Initiative Neue Soziale Marktwirtschaft

Beiträge von

Prof. Dr. Ulrich van Suntum
Prof. Dr. Karl-Heinz Paqué
Prof. Dr. Christoph M. Schmidt und
Nils aus dem Moore
Dr. Eberhard von Koerber
Kerstin Andreae
Prof. Dr. Michael Hüther

Berlin, April 2012

VORWORT

NACHHALTIG WACHSEN, WOHLSTAND SICHERN

Wo wollen wir hin? Wie können wir unsere ökonomischen, sozialen und ökologischen Ziele erreichen? Wie können wir unser heutiges Handeln gegenüber kommenden Generationen verantworten? Seit der Einsetzung der Enquete-Kommission „Wachstum, Wohlstand, Lebensqualität“ im November 2010 geht auch der Deutsche Bundestag diesen wichtigen Fragen intensiv und koordiniert nach und verschafft der Diskussion über die Chancen und Grenzen des Wachstums neue Dynamik. Es ist notwendig, dass sich Politik, Wissenschaft und Gesellschaft mit der großen Wohlstandsfrage beschäftigen: Wie wachsen wir nachhaltig?

Hubertus Pellengahr

Ein Blick auf die Geschichte zeigt: Das Streben nach Fortschritt und Wachstum gehört zu den natürlichen Antriebskräften der Zivilisation. Das zeigt sich im Wunsch, von Generation zu Generation einen Sprung nach vorn zu machen. Es wäre aussichtslos, diesem unbändigen Wunsch mit politischen Mitteln entgegenwirken zu wollen. Wer Wachstum beschränken will, greift in die Freiheitssphäre jedes Einzelnen ein – und entzieht auch im globalen Kontext denjenigen Menschen die Hoffnung auf ein besseres Leben, die weit von unserem Wohlstand entfernt sind.

Wachstum stößt, wie die Freiheit, selbstverständlich an Grenzen – an die Grenzen der Freiheit des anderen. Wachstum muss sich daran messen lassen, inwieweit es den Handlungsspielraum von Dritten eingrenzt. Die Verschwendung von Ressourcen und Rohstoffen, Umweltzerstörung, soziale Ausgrenzung und Staatsverschuldung sind Beispiele für eine nicht nachhaltige Entwicklung, wie sie sich in vielen Industrieländern in den vergangenen Jahrzehnten dargestellt hat. Hier müssen wir umsteuern und das Wachstum auf eine nachhaltige Grundlage stellen. Wachstum muss an Werte gebunden werden: Verantwortung, Generationengerechtigkeit, Schutz der natürlichen Lebensgrundlagen, sozialer Zusammenhalt.

Für nachhaltiges Wachstum bietet die Soziale Marktwirtschaft den besten Ordnungsrahmen. Die Prinzipien der Sozialen Marktwirtschaft ermöglichen jedem, durch Ideen, Initiative und Engagement seine persönlichen und wirtschaftlichen Ziele zu erreichen. So entstehen Innovationen. So wird Strukturwandel vorangetrieben. So profitieren alle Menschen. So entsteht Wohlstand. Und so entfaltet sich neue Kraft für nachhaltiges Wachstum.

Soziale Marktwirtschaft markiert als Ordnungssystem aber auch Grenzen: Eigentum, Wettbewerb und Teilhabechancen werden geschützt. Wer Risiken eingeht und Gewinne erzielt, muss im Zweifel auch für die Verluste selbst haften. Deshalb gehören zur Sozialen Marktwirtschaft auch umwelt- und sozialpolitische Konzepte. Der Verbrauch von Umweltgütern muss verursachergerecht bezahlt und begrenzt werden. So ist es in den vergangenen Jahrzehnten gelungen, in vielen Bereichen die Belastung von Böden, Wasser und Luft deutlich zu reduzieren.

Soziale Teilhabe drückt sich in der Sozialen Marktwirtschaft vor allem dadurch aus, dass jeder die Chance auf gute Bildung und Ausbildung erhält und flexible Arbeitsmärkte den Einstieg in Arbeit ermöglichen. Der Rückgang der Arbeitslosigkeit sowie die gestiegene Anzahl an Erwerbstätigen in Deutschland zeigen, wie robust und leistungsfähig das System der Sozialen Marktwirtschaft ist.

Selbstverständlich gehört es zur Sozialen Marktwirtschaft, dass der Staat aktiv für sozialen Ausgleich sorgt. In der Verbindung von Markt und sozialem Ausgleich, der irenischen Formel, liegt die besondere Stärke der Sozialen Marktwirtschaft. Diese Formel schafft den sozialen Zusammenhalt, der Deutschland auszeichnet.

Ludwig Erhard hat im Jahr 1957 mit seinem Buch „Wohlstand für alle“ eine an Regeln gebundene Wirtschaftspolitik beschrieben – und damit das Versprechen gegeben, dass sich alle Menschen in Deutschland neuen Wohlstand erarbeiten können. Die beeindruckende Wohlstandsbilanz der vergangenen Jahrzehnte gibt ihm Recht. Wenn wir auch in Zukunft Fortschritt und Wachstum erreichen wollen, sollten wir am Ordnungssystem der Sozialen Marktwirtschaft festhalten und es gleichzeitig weiterentwickeln, um dem Anspruch einer nachhaltigen Entwicklung gerecht zu werden.

Wie sichern wir Arbeitsplätze und Wohlstand? Wie können wir nachhaltig wachsen und unsere Welt auch in Zukunft weiter lebenswert gestalten? Mit diesen Fragen befassen sich die Autoren dieses Buches. In sechs Beiträgen haben sie ihre Ideen, Argumente und Fakten zusammengetragen. Die Visionen der Autoren unterscheiden sich dabei spürbar voneinander. Diesen Spannungsbogen wollten wir bewusst abbilden – denn so stellt dieser Sammelband einen fruchtbaren Boden für weiterführende inhaltliche Diskussionen dar.

Die Initiative Neue Soziale Marktwirtschaft dankt den Autoren für die Erstellung der Texte. Die Debatte über nachhaltiges Wachstum wird mit ihrer Hilfe weiter vorangetrieben. Wir wünschen unseren Leserinnen und Lesern viel Vergnügen beim Lesen und einen anregenden Dialog.

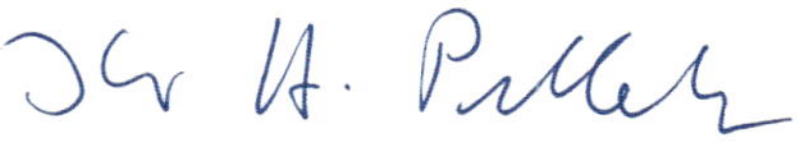

Hubertus Pellengahr
Geschäftsführer Initiative Neue Soziale Marktwirtschaft

INHALT

1. Wohlstand durch Wachstum in der Marktwirtschaft

Prof. Dr. Ulrich van Suntum

VITA

Prof. Dr. Ulrich van Suntum, geb. 1954 in Hamm/Westfalen, studierte in Münster und Bochum Volkswirtschaftslehre und machte 1977 seinen Abschluss als Diplom-Volkswirt. Auf die Promotion in Bochum 1981 folgte drei Jahre später die Habilitation.

Nach der Habilitation war Ulrich van Suntum Professor für Volkswirtschaftslehre in Bochum. Darüber hinaus war er Generalsekretär des Sachverständigenrates zur Begutachtung der gesamtwirtschaftlichen Entwicklung. Ab 1990 leitete er das Institut für Wirtschaftspolitik und Konjunkturforschung an der Universität Witten/Herdecke, ehe er 1995 dem Ruf der Wilhelms-Universität Münster folgte, wo er seit 1997 das Institut für Siedlungs- und Wohnungswesen leitet.

Er ist Verfasser zahlreicher wissenschaftlicher Zeitschriftenbeiträge und Lehrbücher, u. a. des Lehrbuchs „Die unsichtbare Hand. Ökonomisches Denken gestern und heute“. Seit 2002 ist er geschäftsführender Direktor des Centrums für angewandte Wirtschaftsforschung Münster (CAWM).

INHALT

BRÖCKELNDE AKZEPTANZ DER MARKT-WIRTSCHAFT TROTZ HISTORISCHER ERFOLGE

Nach dem Zweiten Weltkrieg wurden in West- und Ostdeutschland jeweils wirtschaftlich völlig unterschiedliche Wege eingeschlagen. Nachdem in den 30er-Jahren eher theoretisch über die Vor- und Nachteile von Kapitalismus und Sozialismus gestritten worden war, konnte man nach der Teilung Deutschlands ihre tatsächliche Entwicklung quasi wie in einem Reagenzglas beobachten. Dieser 40-jährige Systemvergleich ging eindeutig zugunsten der Sozialen Marktwirtschaft aus: Sie ermöglichte den Aufstieg des zerstörten Westdeutschland zu einer der führenden und wohlhabendsten Industrienationen und verschaffte der Bevölkerung einschließlich Millionen von Kriegsheimkehrern und Flüchtlingen binnen weniger Jahre Vollbeschäftigung bei ständig steigenden Löhnen. Die Soziale Marktwirtschaft erwies sich zudem als freie und weltoffene Wirtschaftsordnung. Privateigentum, Wettbewerb, sozialer Rechtsstaat und Demokratie schützten die Menschen nicht nur vor Armut und Ausbeutung, sondern auch vor einem übermächtigen Staat.

Dagegen erwies sich das sozialistische Regime der sogenannten DDR als ineffizient und menschenfeindlich. Die Folge war nicht nur ein weitaus geringeres Wohlstandsniveau als im Westen, sondern auch die Unterdrückung der eigenen Bevölkerung durch willkürliche Enteignungen, Berufsverbote, zentralistische Kommandowirtschaft bis hin zur kollektiven Freiheitsberaubung durch Mauerbau und Stacheldraht. Im Jahr 1990 war das sozialistische Experiment sowohl wirtschaftlich als auch politisch am Ende, und dies nicht nur in der DDR, sondern im gesamten Ostblock. Nicht der kapitalistische Erzfeind, sondern die eigene Bevölkerung erzwang schließlich in friedlicher Revolution die Öffnung

Warteschlangen in der DDR

Ostdeutschlands in Richtung Westen und schließlich die Wiedervereinigung.

Das sozialistische Willkürsystem hat bis heute tiefe Spuren hinterlassen. Nicht nur die volkseigenen Betriebe, sondern die gesamte Bausubstanz und nicht zuletzt die Umwelt Ostdeutschlands waren zum Zeitpunkt der Wiedervereinigung in weitgehend marodem Zustand. Dies konnte in den Jahren nach der Wiedervereinigung relativ rasch, wenn auch unter hohen Kosten, repariert werden. Heute ist die ostdeutsche Infrastruktur teilweise sogar besser und moderner als im Westen. Viel schwieriger war es jedoch, die mentalen Folgen eines 40-jährigen Lebens in Unfreiheit und unter ständiger staatlicher Aufsicht und Fürsorge zu überwinden. Unternehmergeist, Bürgertum und mittelständische Wirtschaft waren in der DDR systematisch unterdrückt worden, an ihre Stelle traten Bürokratie, Parteikarrieren und monopolisierte Staatsunternehmen. Damit fehlten nach der Wiedervereinigung zentrale institutionelle

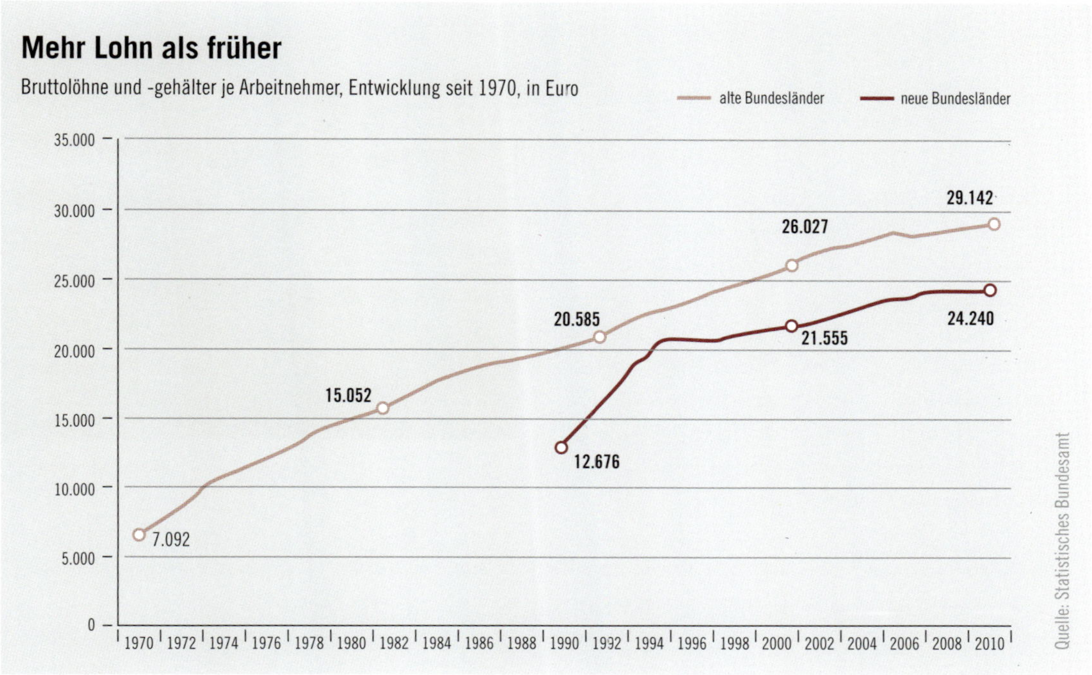

Abbildung 1

und kulturelle Elemente einer Marktwirtschaft, auf deren Basis ein sich selbst tragender Aufholprozess hätte entstehen können. So wurden der Wiederaufbau sowie die rasche Angleichung von Renten, sozialen Standards und Löhnen an das Westniveau in erster Linie von Transferzahlungen aus dem Westen getragen, während die Entstehung eigenständiger, rentabler Arbeitsplätze in den neuen Bundesländern nur zögernd vorankam.

Diese Konstellation führte trotz der unbestreitbaren Erfolge bei der Angleichung der Lebensverhältnisse zu wachsendem Unmut und Enttäuschung, und zwar sowohl bei der westdeutschen wie bei der ostdeutschen Bevölkerung. Zunehmend wurde das unbewältigte Erbe des Sozialismus sogar der Marktwirtschaft angelastet, insbesondere der unvermeidliche Abbau von Arbeitsplätzen, obwohl deren Wirtschaftlichkeit schon zu DDR-Zeiten nicht mehr gegeben war. Viele begannen, sich nach einem sicheren, vom Staat garantierten Arbeitsplatz wie damals im Osten zurückzusehnen, wenn auch mit westlichem Lebensstandard und ohne die Unterdrückungsmaschinerie der sozialistischen Planwirtschaft. Die Utopie eines effizienten sozialistischen Wirtschaftssystems gewann so wieder an politischer Bedeutung, während die Marktwirtschaft – nicht zuletzt auch durch die jüngste Finanzkrise – an Glanz und Zustimmung einbüßte. Das völlige Scheitern des realen Sozialismus in der Nachkriegsrealität geriet dabei zunehmend aus dem Blick. Ihr ausnahmsloses Münden in Armut und verbrecherische Diktaturen nicht nur in Osteuropa, sondern auch in China, Kuba, Nordkorea und Afrika wurde entweder ausgeblendet oder im Nachhinein verklärt.

Parallel zu dieser Entwicklung gewann ein grüner Konservatismus an politischem Einfluss, der Wirtschaftswachstum und materiellem Wohlstand grundsätzlich eher ablehnend gegenübersteht. Er wird maßgeblich von einer saturierten Grundhaltung getragen, die das in der Marktwirtschaft erreichte hohe Wohlstandsniveau zwar bewahren, aber nicht unbedingt vermehren will. Stattdessen gibt er immateriellen Wohlstandskomponenten wie sauberer Umwelt, Sicherheit und Gesundheit absolute Priorität. Mit den Interessen derjenigen, die auf neue Arbeitsplätze hoffen oder höhere Löhne erwarten, ist das nur bedingt kompatibel. Gemeinsam ist beiden Richtungen aber die Suche nach Sicherheit, sowohl vor sozialen als auch vor ökologischen Gefahren. Zum anderen verbindet sie die Tendenz, Knappheiten und ökonomische Zielkonflikte eher durch Umverteilung und staatliches Ordnungsrecht lösen zu wollen als durch Wachstum und Wettbewerb.

Wuchernde Bürokratie

Diese gemeinsame Grundhaltung steht aber im Kontrast zur historischen und empirischen Erfahrung gerade in Deutschland. Denn nicht Abwehrhaltung, Bürokratie und Staatswirtschaft begründeten Deutschlands Erfolg in den letzten 60 Jahren, sondern privater Wettbewerb, offene Märkte und eine Sozialpolitik mit Augenmaß, welche die richtige Balance zwischen sozialer Sicherheit und wirtschaftlichen Anreizen suchte und meist auch fand. Letzteres galt lange Zeit auch für die ökologischen Ziele, wenngleich Deutschland hier von Beginn an eine Vorreiterrolle anstrebte. Mit der abnehmenden Akzeptanz der marktwirtschaftlichen Wirtschaftsordnung insgesamt droht jedoch auch diese Balance verloren zu gehen. Gesetzliche Mindestlöhne, wuchernde Bürokratie etwa im Umwelt-, Arbeits- und Mietrecht, Willkür und extreme Grenzbelastungen im Steuerrecht sowie eine ständig steigende Staatsverschuldung sind deutliche Anzeichen dafür, dass der Staat gegenüber Markt und Wettbewerb immer stärker die Oberhand gewinnt. Gründe für staatliches Eingreifen wie soziale Gerechtigkeit, Umweltpolitik und Verbraucherschutz sind meist schnell gefunden und für sich genommen auch nicht abwegig. Die marktwirtschaftlichen Prinzipien der Subsidiarität, der Marktkonformität und der Konsumentensouveränität, wonach direkte staatliche Eingriffe nur das letzte Mittel sein sollten, scheinen dabei aber weitgehend in Vergessenheit geraten zu sein oder werden sogar offen abgelehnt.

Das liegt nicht zuletzt an einem Grunddilemma der Marktwirtschaft: Ihre Vorzüge werden mit der Zeit als selbstverständlich wahrgenommen und kaum noch mit ihren grundlegenden Funktionsbedingungen in Verbindung gebracht. Gleichzeitig stellt man ihre unvermeidlichen Nachteile wie den Abbau unrentabler Arbeitsplätze als Systemversagen dar. Das gleiche gilt für Missstände wie Betrug, Steuerhinterziehung und unfaire Wirtschaftspraktiken, obwohl diese in jeder Gesellschaftsordnung vorkommen. Gerade der real existierende Sozialismus der DDR war Betrug an einer ganzen Generation, die 40 Jahre lang um ihre Lebenschancen und um die Früchte ihrer harten Arbeit gebracht wurde. Gleichwohl sehen heute viele eher die Splitter im Auge der Marktwirtschaft als den Balken im Auge dieses totalitären Gegenmodells, das die junge Generation nur noch aus den Geschichtsbüchern kennt.

SECHZIG JAHRE POSITIVE WOHLSTANDSBILANZ DER MARKTWIRTSCHAFT

Als Ludwig Erhard am 24. Juni 1948, sechs Tage nach der Währungsreform, die Aufhebung der Preiskontrollen durchsetzte, waren die politischen Widerstände dagegen zunächst groß. Die Gewerkschaften riefen im Herbst 1948 sogar den Generalstreik aus. Der Erfolg war aber derart durchschlagend, dass die Kritik schon bald verstummte. Man hat den damals einsetzenden beispiellosen Aufschwung in Westdeutschland oft als Wirtschaftswunder bezeichnet. Es war aber kein Wunder, sondern die konsequente Umsetzung der Ideen, welche die ordoliberale Schule um Walter Eucken und Franz Böhm in der Zwischenkriegszeit entworfen hatte.

Ordo bedeutet Ordnung im Sinne von staatlich gesetzten Regeln für die Märkte. Vor allem dadurch – und durch eine stärkere Betonung der sozialen Komponente – hebt sich die Marktwirtschaft vom angelsächsischen Liberalismus ab. Walter Eucken fasste diese Regeln in sieben konstituierenden Prinzipien zusammen: Wettbewerb, Geldwertstabilität durch eine unabhängige Notenbank, offener Marktzugang für jedermann (insbesondere auch für ausländische Anbieter), Privateigentum, Vertragsfreiheit, Haftungsprinzip für wirtschaftliche Entscheidungen (vor allem durch den Sanktionsmechanismus von Gewinn und Verlust) sowie Konstanz der Wirtschaftspolitik. Der letztgenannte Punkt bezog sich nicht nur auf die Vermeidung konjunktureller Schwankungen, sondern auch auf die Langfristigkeit und Verlässlichkeit staatlicher Gesetze. Die aktuelle Finanz- und Schuldenkrise lässt sich letztlich auf Verstöße gegen diese Prinzipien zurückführen, insbesondere was das Haftungsprinzip und eine langfristig tragfähige Geld- und Fiskalpolitik betrifft. Das gleiche gilt für die Umweltproblematik, denn hier mangelt es in der Regel an der Haftung der Verursacher für die ökologischen Folgen ihres Tuns. Der Ordoliberale Walter Eucken forderte dafür bereits eine entsprechende „Korrektur der Wirtschaftsrechnung", lange bevor dies in der Politik diskutiert wurde (W. Eucken 1952). Das ökologische Problem ist daher nicht etwa auf einen Fehler der Marktwirtschaft zurückzuführen, es beruht vielmehr gerade auf einer mangelnden Anwendung ihrer Grundprinzipien.

Eine regelgebundene Wirtschaftspolitik dient dem Ziel: Wohlstand für alle. Auch heute noch

Die vor 60 Jahren formulierten marktwirtschaftlichen Grundsätze sind keineswegs überholt, sondern heute aktueller denn je. Sie entsprechen im Wesentlichen dem, was später als Angebotspolitik bezeichnet wurde. Abwegig ist die These, wonach die hohe Konsumnachfrage der Nachkriegszeit die eigentliche Triebfeder des westdeutschen Aufschwungs gewesen sei. Ungedeckte Konsumwünsche gab es damals überall in Europa, auch in der DDR. Woran es dort aber im Gegensatz zum „Wirtschaftswunderland" im Westen fehlte, waren Anreize und verlässliche Rahmenbedingungen für eine effiziente Produktion. Nicht die Konsumquote, sondern die Investitionsquote stieg in den 50er- und 60er-Jahren in Westdeutschland auf Rekordniveaus von zeitweise über 20 Prozent an[1] (Plumpe 2008). Erst dadurch entstanden die notwendigen Arbeitsplätze und damit auch die Kaufkraft, um die latenten Konsumwünsche tatsächlich zu realisieren. Dass trotz steigender Bevölkerung die Arbeitslosenquote ständig sank und ab 1960 praktisch Vollbeschäftigung herrschte, war auch nicht etwa Arbeitszeitverkürzungen oder Frühverrentungen zu verdanken. Im Gegenteil: Die deutsche Wirtschaft boomte derart stark, dass zusätzliche Arbeitskräfte aus dem Ausland („Gastarbeiter") angeworben wurden.

Kein anderes Wirtschaftssystem brachte jemals in so kurzer Zeit sowohl Vollbeschäftigung als auch massive Wohlstandsgewinne für alle hervor wie die deutsche Marktwirtschaft der Nachkriegszeit. Die positive Erfolgsbilanz hat sich mit kurzen konjunkturellen Unterbrechungen bis heute fortgesetzt, sowohl was die materielle Wohlstandsentwicklung als auch was die Beschäftigung angeht. Das Bruttoinlandsprodukt pro Einwohner liegt heute um rd. ein Fünftel höher als im EU-Durchschnitt und wird nur von wenigen vergleichbaren Ländern übertroffen.

Beschäftigung für alle

Der westdeutsche Arbeitsmarkt in der Nachkriegszeit

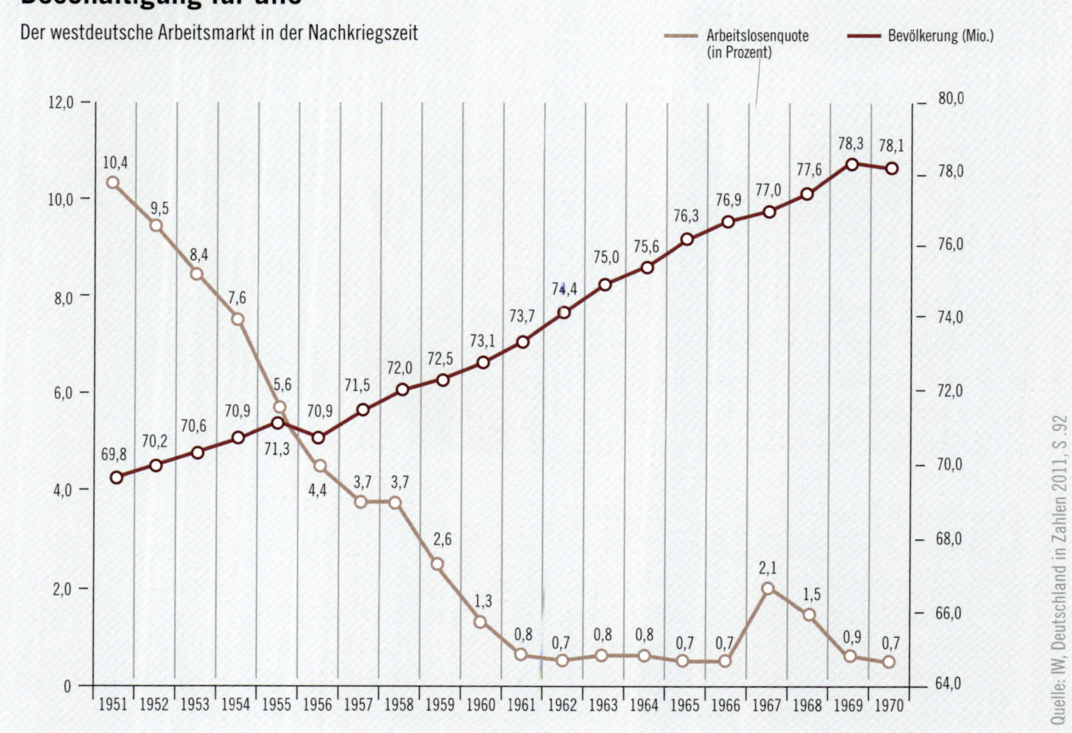

Abbildung 2

Wirtschaftsleistung: Deutschland in der Spitzengruppe

Bruttoinlandsprodukt je Einwohner in Kaufkraftstandards, Prognose für 2011

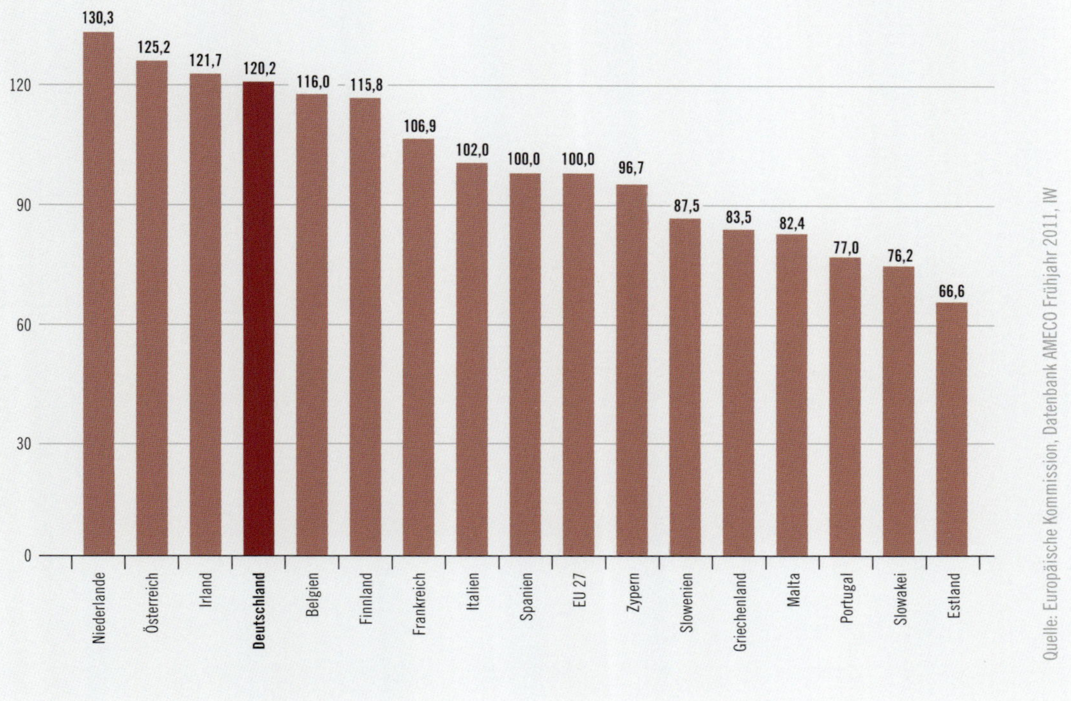

Abbildung 3

Die Zahl der Erwerbstätigen stieg nicht nur in der Nachkriegszeit, sondern auch danach mit nur kurzen konjunkturellen Unterbrechungen ständig. Im Jahr 2010 erreichte sie mit 40,5 Millionen ein neues Rekordniveau, das war ein Plus von fast 1,9 Millionen Arbeitsplätzen seit 1991. Auch dem Ziel der Vollbeschäftigung, die seit den 1970er-Jahren verloren gegangen war, kam Deutschland in jüngster Zeit wieder näher. Die Arbeitslosenquote, die 2005 einen traurigen Rekord von 10,6 Prozent erreicht hatte, sank bis 2010 auf 6,9 Prozent und liegt damit niedriger als in den meisten anderen Ländern (Abbildung 4).

Auf dem Weg zur Vollbeschäftigung

Arbeitslosenquoten ausgesuchter Länder, international harmonisierte Jahreswerte, Stand 2010, in Prozent

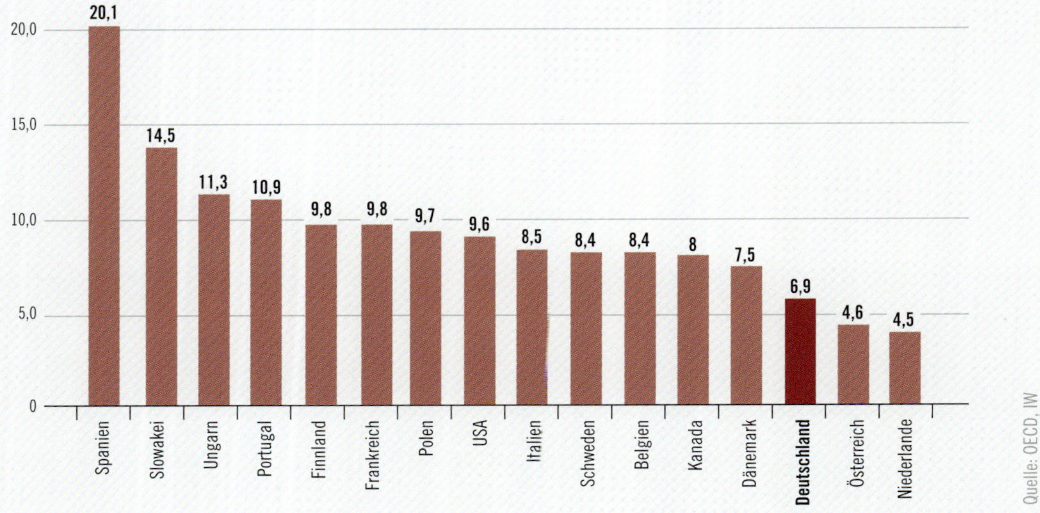

Abbildung 4

Nicht zuletzt die Flexibilisierung der Arbeitsmärkte und die Reformen im Sozialsystem in den letzten Jahren trugen dazu bei (Burda; Hunt 2011). In keinem anderen Industrieland fielen die Beschäftigungseinbrüche infolge der Finanzkrise moderater aus als hierzulande, und in keinem anderen Land hat sich der Arbeitsmarkt so schnell und stark wieder erholt. Auch dieses im Ausland ungläubig bestaunte „German Jobwunder" war keinen höheren Mächten zu verdanken. Dahinter standen vielmehr wettbewerbsfähige, oft mittelständisch geprägte Unternehmen und verantwortungsbewusste Arbeitnehmer, die sich sinnvollen Flexibilisierungen des Arbeitsmarktes ebenso wenig verschlossen haben wie einer moderaten, arbeitsplatzsichernden Lohnpolitik. Anders als in angelsächsischen Ländern wurde diese Haltung durch eine Arbeitsmarktpolitik flankiert, die mit großzügigen Kurzarbeitsregelungen konjunkturelle Arbeitslosigkeit zu vermeiden half.

WOHLSTAND IST MEHR ALS NUR BRUTTOINLANDSPRODUKT

Auch der immaterielle Wohlstand, gemessen etwa an Lebenserwartung, Freizeit und Gesundheit, nahm in Deutschland in den letzten Jahrzehnten ständig zu und ist höher als in den meisten anderen vergleichbaren Ländern. So liegt die effektive Arbeitszeit pro Beschäftigten mit 1.430 Stunden in Deutschland weit niedriger als der OECD-Durchschnitt von 1.764 Stunden, nur die Niederländer und Norweger haben noch etwas mehr Freizeit (mit 1.389 bzw. 1.422 Stunden).[2] Die Lebenserwartung stieg seit 1970 um rd. 10 Jahre und liegt heute mit 77,8 Jahren für Männer bzw. 82,4 Jahren für Frauen nicht nur über dem EU-Durchschnitt, sondern auch deutlich höher als in den USA. Gab es z. B. 1970 allein in Westdeutschland noch 4.262 tödliche Arbeitsunfälle, so waren es 2009 in Gesamtdeutschland nur noch 622 (IW 2011). Das deutsche Gesundheitssystem garantiert jedermann ein Höchstmaß an Leistungen, unabhängig vom Einkommen und ohne nennenswerte individuelle Kostenbelastung. Das ist selbst in hoch entwickelten Industriestaaten keineswegs immer eine Selbstverständlichkeit, wie etwa das Beispiel der USA zeigt.

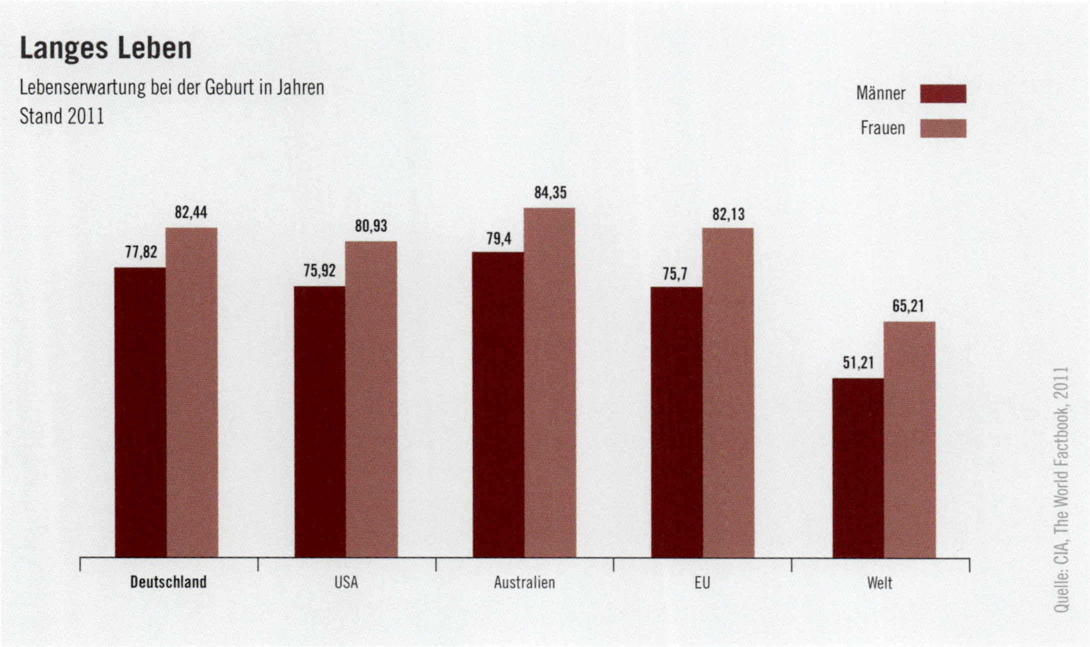

Abbildung 5

Hinzu kommt ein im internationalen Vergleich sehr hohes gesetzliches Rentenniveau, auch für die ostdeutsche Bevölkerung, wo insbesondere Frauen von der Anrechnung ihrer Erwerbstätigkeit zu DDR-Zeiten profitieren (IW 2011).[3]

Zudem hat sich auch die Situation der Umwelt in Deutschland seit den 70er-Jahren dramatisch verbessert, nicht zuletzt und besonders stark im Gebiet der früheren DDR, die regelrechten Raubbau an der Natur und an der Gesundheit ihrer Bürger betrieben hatte. Insgesamt liegt Deutschland in der Bewertung der Umweltpolitik in einer internationalen Rangliste der Bertelsmann Stiftung unter 31 OECD-Ländern auf Rang 5 (Bertelsmann 2011).

Deutliche Defizite gibt es dagegen in der Bildungspolitik, für die allerdings auch in einer Marktwirtschaft in erster Linie der Staat verantwortlich ist. Denn Bildung ist ein öffentliches Gut, dessen Nutzen allen zugutekommt, was auch schon der liberale Ökonom Adam Smith 1776 erkannt hat. Wer in seine eigene Ausbildung oder als Unternehmer in die Ausbildung seiner Mitarbeiter investiert, trägt dazu bei, dass Produktivität und Wohlstand aller steigen und dass die Arbeitslosigkeit gering bleibt. Darum finanziert der Staat die Schulen und Universitäten und zahlt BAföG an diejenigen, die sich sonst keine entsprechende Ausbildung leisten könnten. Die dadurch erzielte Bildung von Humankapital vermindert die sozialen Unterschiede und kommt nicht zuletzt auch dem gesellschaftlichen Frieden zugute (Sachverständigenrat 2009).

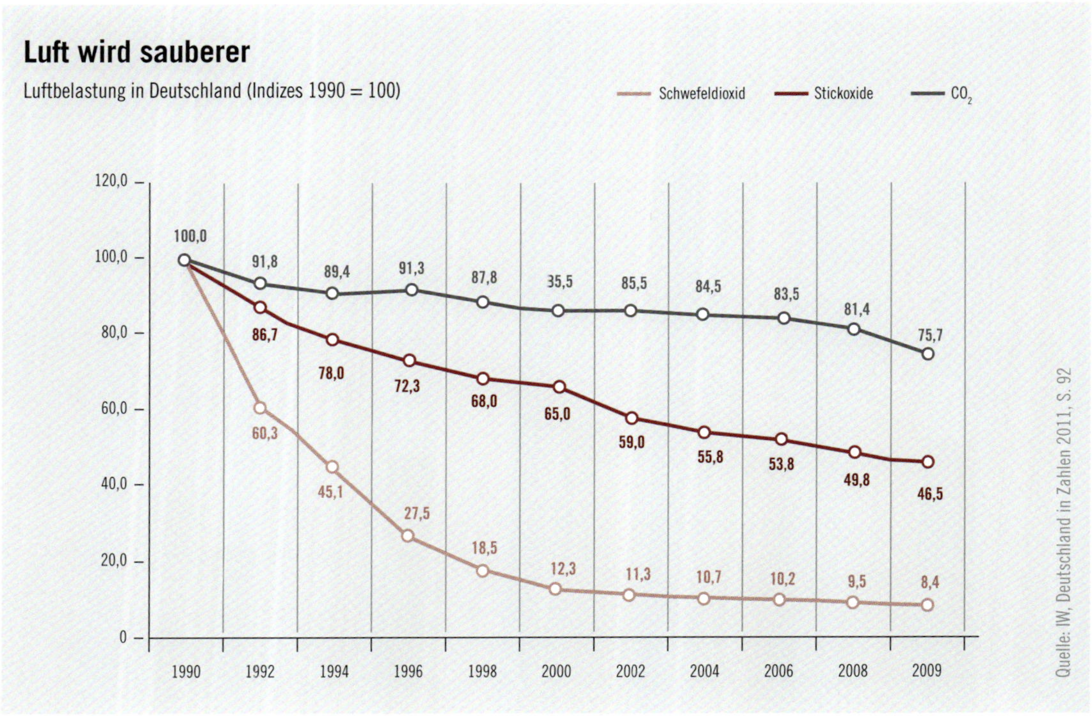

Abbildung 6

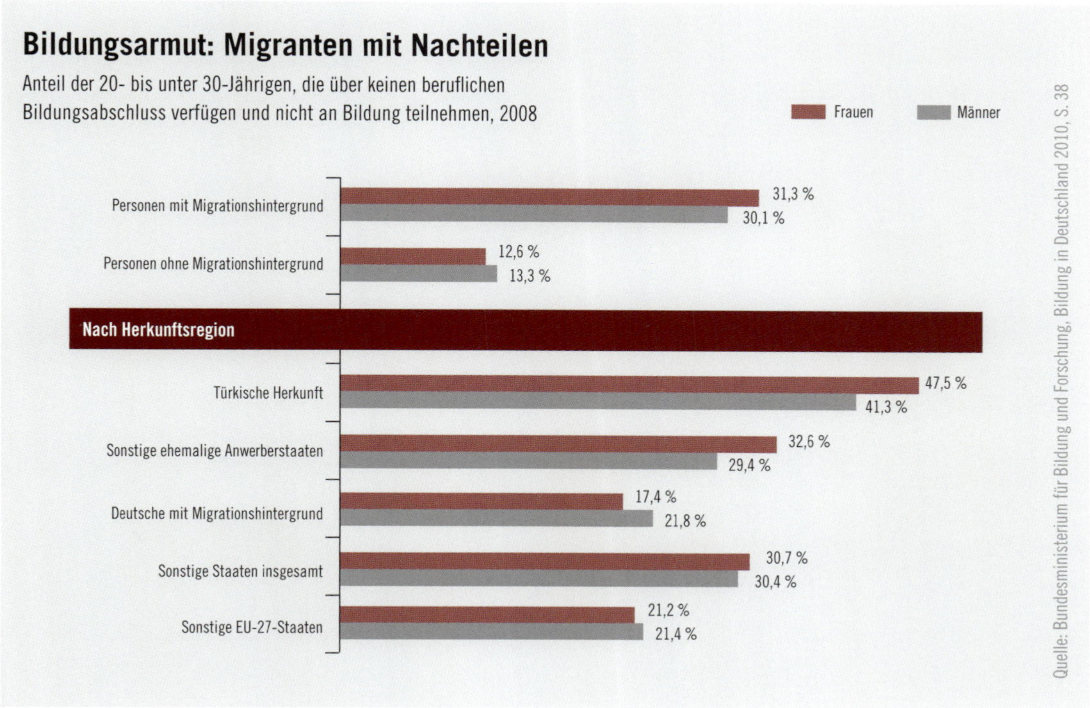

Abbildung 7

Viele Probleme des Arbeitsmarktes und bei der Integration von Migranten, die vordergründig oft der Wirtschaftsordnung angelastet werden, haben ihre Ursache in Bildungsdefiziten.

Dies zeigt sich deutlich in den Arbeitslosenquoten, die bei gering Qualifizierten und Migranten ungleich höher sind als im Durchschnitt der Bevölkerung. So waren 2009 die Absolventen von Hoch- und Fachhochschulen mit einer Quote von 2,5 Prozent praktisch vollbeschäftigt, und auch mit Lehre oder Fachschulabschluss hat man bei einer Arbeitslosenquote von rd. 6,6 Prozent kaum Probleme am Arbeitsmarkt. Dagegen liegt die Arbeitslosenquote von Menschen ohne Berufsabschluss bei 21,9 Prozent, sie stellen zudem auch den Großteil der Langzeitarbeitslosen. Auch Ausländer haben es mit einer Arbeitslosenquote von 19 Prozent am deutschen Arbeitsmarkt schwer, ähnlich wie in den meisten anderen Ländern.

Diese Probleme mit Mindestlöhnen oder Einstellungsquoten bekämpfen zu wollen, würde auf eine bloße Symptomkur hinauslaufen. Hier können nur vermehrte Bildungsanstrengungen helfen, die schon im Vorschulalter anfangen müssten, denn hier zahlen sie sich ein Leben lang aus und bringen daher den höchsten Ertrag (Sachverständigenrat 2009, S. 450 ff). Das bedeutet aber nicht, dass wir ein staatlich verordnetes Einheitssystem im Bildungsbereich bräuchten, im Gegenteil. Zu Recht fordert der Sachverständigenrat mehr Wettbewerb, Autonomie und externe Leistungskontrolle und damit letztlich mehr marktwirtschaftliche Prinzipien auch im Schulbereich.

Bildung schafft Arbeit

Qualifikationsspezifische Arbeitslosenquoten im Jahr 2009

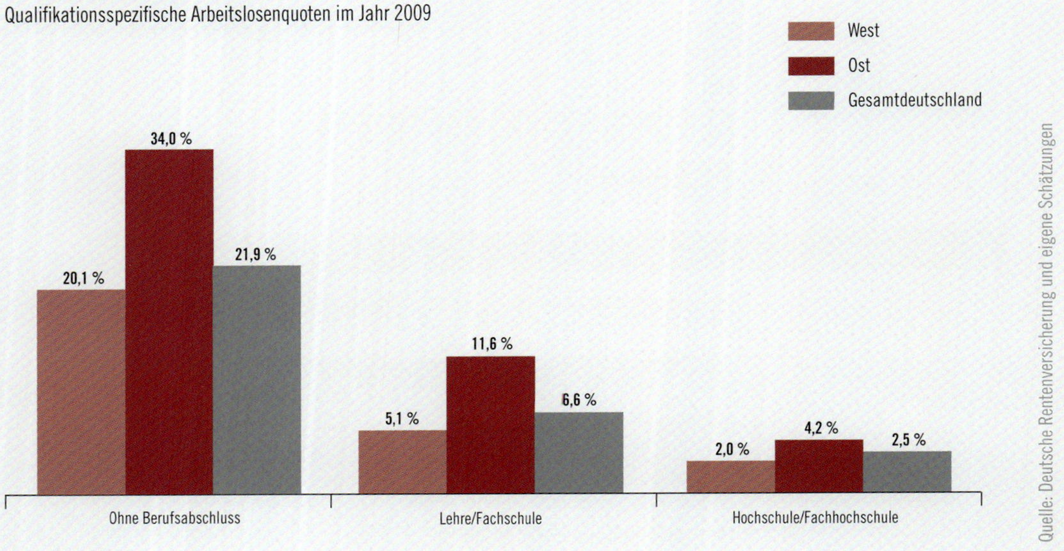

Abbildung 8

Unterschiede im Lohnniveau und bei den Beschäftigungschancen zwischen Männern und Frauen werden oft als Systemfehler der Marktwirtschaft interpretiert. Sie müssen aber keineswegs auf Diskriminierung beruhen, sondern haben meist handfeste ökonomische Gründe. Dazu zählen insbesondere mangelhafte Vereinbarkeit von Kindererziehung und Beruf, geschlechtsspezifisch unterschiedliche Ausbildungsprofile oder unterschiedliches Verhalten von Männern und Frauen, etwa was die Annahme von Teilzeitstellen oder die Bereitschaft zur Kindererziehung betrifft. Diese Problematik gibt es in allen Ländern und Wirtschaftsordnungen, und Deutschland steht hier im internationalen Vergleich keineswegs schlecht da (Bertelsmann Stiftung 2011).[4] Für die Unternehmen resultieren daraus unterschiedliche Kosten, Risiken und Erwartungen bei der Einstellung (sowie auch bei der Versicherung) von Frauen und Männern. Wenn man daraus resultierende unterschiedliche Arbeitsmarktchancen nicht hinnehmen will, ist es der beste Weg, solche Kosten möglichst auszugleichen. Das ist sowohl für die Funktionsfähigkeit der Märkte als auch für die Betroffenen selbst besser, als mit Quoten und Gleichstellungsgesetzen nur an den Symptomen zu kurieren. Deutschland mit seiner marktwirtschaftlichen Tradition könnte und sollte auch in der EU für entsprechend marktkonforme Lösungen eintreten.

Wenn Einkommen leistungsbezogen sein sollen, sind sie in jeder Wirtschaftsordnung mehr oder weniger ungleich verteilt. Dies ist auch in Deutschland so, allerdings dank der Sozialen Marktwirtschaft weniger stark als in den angelsächsischen Ländern. Im Vergleich der OECD-Länder liegt Deutschland bei den Einkommensunterschieden zwischen arm und reich im Mittelfeld, sowohl beim Gini-Koeffizienten[5] als auch gemessen an der sogenannten Armutsquote[6]. Zu diesem Ergebnis kommt auch der Sachverständigenrat, der die Einkommensverteilung in Deutschland im internationalen Vergleich als unauffällig bezeichnet (Sachverständigenrat 2007, TZ 721).

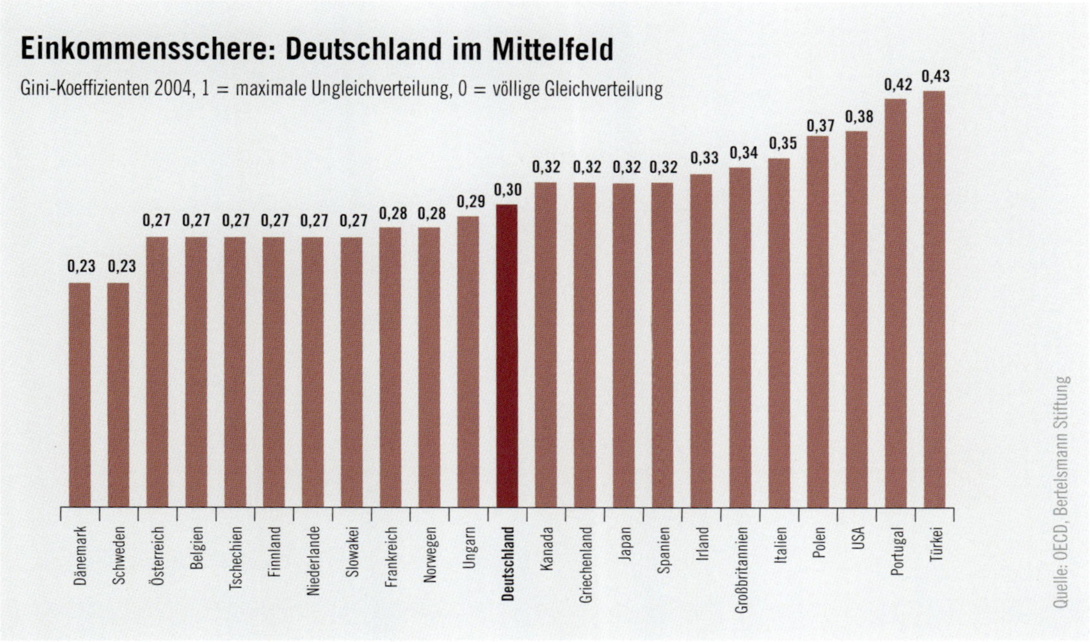

Abbildung 9

Dabei ist zu bedenken, dass es sich jeweils um relative Wohlstandszahlen handelt. So gibt die sogenannte Armutsrisikoquote in ihrer gebräuchlichsten Definition den Anteil der Menschen an, deren Einkommen niedriger als 60 Prozent des mittleren Einkommens[7] in dem betreffenden Land ist. Würde sich das Einkommen aller Menschen in Deutschland verdoppeln, so bliebe die Armutsquote dennoch gleich hoch. Absolut genommen liegt denn auch das Einkommen, das die Armutsrisikogrenze markiert, in Deutschland viel höher als etwa in den meisten anderen Ländern. Es ist auch deutlich höher als das mittlere Einkommen in den ehemals sozialistischen Ländern Osteuropas. Wer etwa in Bulgarien zu den durchschnittlich Verdienenden gehört, hat absolut gesehen weniger als die Hälfte des Lebensstandards, der in Deutschland als Armut gilt.[8] Definiert man die Armutsquote anhand des tatsächlichen absoluten Lebensstandards, so liegt diese in Deutschland mit rd. 5 Prozent niedriger als in fast allen anderen Ländern der Welt.

Stärker sind die Unterschiede in der Vermögensverteilung. So besaßen 2002 die wohlhabendsten 10 Prozent der deutschen Haushalte 60 Prozent des Nettovermögens (Sachverständigenrat 2007, TZ 744), was oft als ungerecht empfunden wird. Der größte Teil des privaten Reichtums steckt aber nicht in Luxusjachten, sondern in den Unternehmen und finanziert damit Investitionen und Arbeitsplätze. Die Vermögenskonzentration in Deutschland ist im internationalen Vergleich auch nicht außergewöhnlich hoch. Sie liegt nicht nur unter derjenigen in den USA, sondern z. B. auch niedriger als in Schweden.[9]

Die Sparquote der oberen Einkommensschichten liegt über 20 Prozent und damit mehr als doppelt so hoch wie diejenige der übrigen Bevölkerung. Würde man das Produktivvermögen gleichmäßig auf die Bevölkerung aufteilen, gäbe es daher einen kurzen Konsumrausch, danach aber weniger Beschäftigung und Einkommen als zuvor. Arbeitsplätze würden gewissermaßen in Flachbildschirme umgewandelt.

In Deutschland arm – woanders reich

Mittleres (medianes) Jahresnettoeinkommen verschiedener Länder und Armutsrisikoschwelle in Deutschland, in Euro

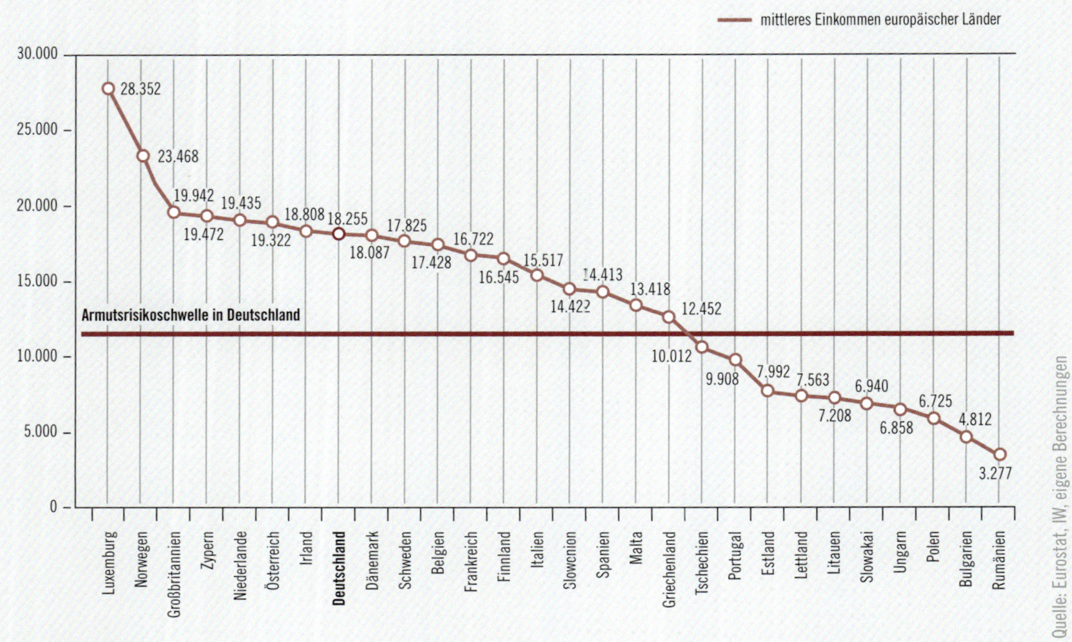

Abbildung 10

Die Arbeitnehmer hätten davon letztlich nichts, im Gegenteil, ihr Wohlstand würde sogar drastisch sinken. Eine lediglich formale Beteiligung am Produktivvermögen wiederum, über die sie nicht wirklich frei verfügen können, würde ihnen nicht viel bringen. Ohnehin werden die Beschäftigten über die Betriebsräte und in größeren Unternehmen auch durch die Mitbestimmung im Aufsichtsrat bereits an Unternehmensentscheidungen beteiligt. Dies ist ein weiteres Unterscheidungsmerkmal der Sozialen Marktwirtschaft in Deutschland gegenüber anderen Ländern, wo entsprechende Mitbestimmungsrechte überwiegend unbekannt sind.

Für den persönlichen Wohlstand der Arbeitnehmer wichtiger sind ihre Ansprüche an die Sozialversicherung, die ebenfalls im internationalen Vergleich sehr hoch sind. Rechnet man die jährlichen Ausgaben der gesetzlichen Rentenversicherung von rd. 250 Milliarden Euro überschlägig in einen entsprechenden Vermögensbestand um, so ergibt sich bei einem Zinssatz von 5 Prozent ein Volumen von 5 Billionen Euro. Die Rentenansprüche stellen damit ein beträchtliches Vermögen dar, das durchaus an die Größenordnung des gesamten übrigen Bruttovermögens in Deutschland von rd. 6,5 Billionen Euro heranreicht, aber in den einschlägigen Verteilungsrechnungen etwa des DIW keine Berücksichtigung findet (DIW 2007, S. 667 und Sachverständigenrat 2007, TZ 740). Im internationalen Vergleich fällt auch auf, dass die deutsche Wohneigentumsquote mit 43 Prozent relativ niedrig liegt. Das Übergewicht des Wohnens zur Miete geht zum einen auf die Notwendigkeit zurück, nach dem

Krieg rasch neuen Wohnraum geschaffen zu haben. Zum anderen war im sozialistischen Ostdeutschland Wohneigentum grundsätzlich nicht erwünscht, viele Hauseigentümer wurden nach dem Krieg dort enteignet oder zum Verkauf ihres Eigentums an den Staat gezwungen. In einer Marktwirtschaft ist selbst genutztes Wohneigentum dagegen selbstverständliches Recht jedes Bürgers und erfüllt darüber hinaus auch gesellschaftlich wichtige Funktionen. Es ist nicht nur eine gute Altersanlage, sondern macht die Menschen auch unabhängiger und fördert zudem ihr Engagement in Nachbarschaft und Kommune (van Suntum 2010, S. 52–81). Hier liegt darum ein möglicher Ansatz der Vermögenspolitik, der wesentlich näher an den Wünschen der Menschen liegt als mehr oder weniger abstrakte Verteilungskennziffern.

Im Übrigen ist rund ein Viertel der statistisch ausgewiesenen Einkommen aus Unternehmertätigkeit und Vermögen in Deutschland in Wirklichkeit Arbeitseinkommen.[10] Denn natürlich arbeiten auch Unternehmer und Freiberufler, in aller Regel sogar länger und härter als die meisten ihrer Angestellten. Zudem zahlen sie dafür hohe Steuern, und zwar keineswegs nur auf dem Papier: 52 Prozent der gesamten Einkommensteuer wird von nur 10 Prozent der Steuerpflichtigen aufgebracht, die am wenigsten verdienende Hälfte der Bevölkerung zahlt demgegenüber insgesamt nur 6,5 Prozent der Einkommensteuer (Bundezentrale für politische Bildung 2008).[11]

Unternehmer und Freiberufler: nicht nur lange Tage, sondern auch hohe Abgaben

OHNE WACHSTUM WEDER MATERIELLER NOCH IMMATERIELLER WOHLSTAND

Ohne Wirtschaftswachstum wäre der Wohlstandszuwachs in Deutschland nicht denkbar gewesen. Auch künftig werden steigende Löhne, mehr Ausgaben für Bildung und Gesundheit sowie stabile Renten nur möglich sein, wenn die Wirtschaft weiter wächst. Dies gilt umso mehr, als die Zahl der Rentner pro Erwerbstätigen in Deutschland bereits heute steigt und gleichzeitig die Menschen immer älter werden. Nullwachstum würde für die Versicherten im gesetzlichen Rentensystem eine Rendite von ebenfalls null bedeuten, denn im Umlagesystem verzinsen sich die Rentenbeiträge grundsätzlich mit der Wachstumsrate der Lohneinkommen. Selbst dies gilt nur bei stabiler Bevölkerungszahl – sinkt diese, dann würde der Verzicht auf Wirtschaftswachstum sogar auf eine Negativverzinsung der gesetzlichen Rentenbeiträge hinauslaufen. Die im gesetzlichen System zwangsversicherten Beitragszahler bekämen dann im Durchschnitt weniger Rente heraus, als sie an Beiträgen eingezahlt haben. Dies dürfte kaum auf gesellschaftliche Akzeptanz stoßen.

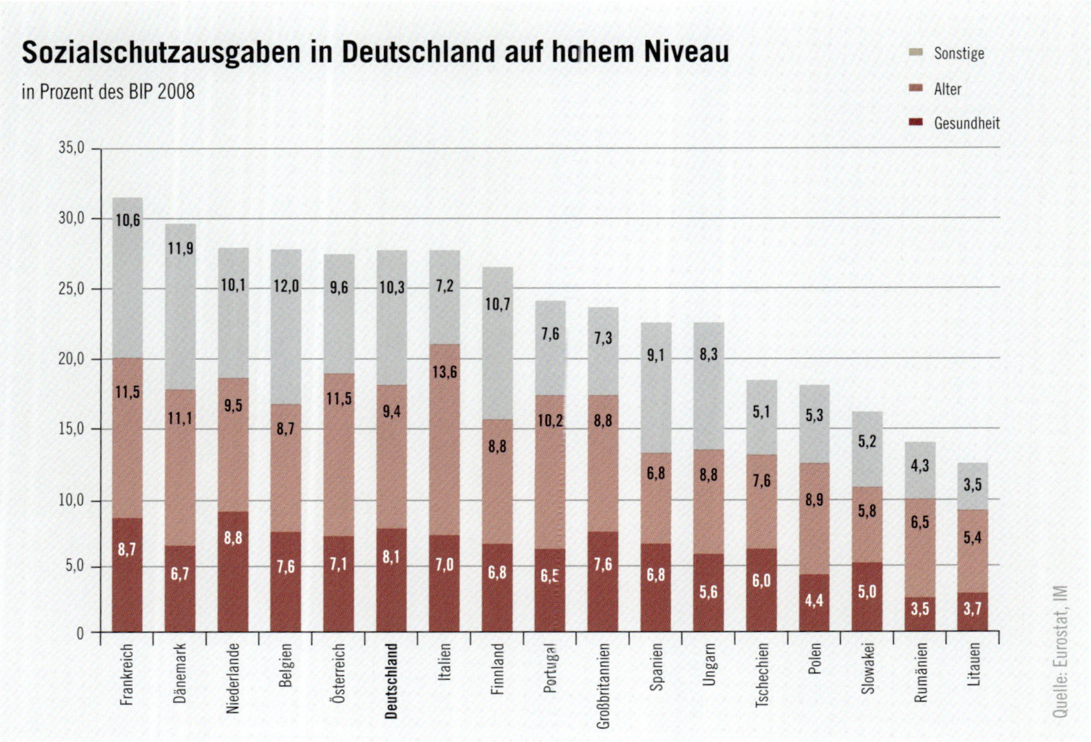

Abbildung 11

Nur aufgrund der hohen Wirtschaftsleistung kann Deutschland sich seine hohen Sozialschutzausgaben leisten, die deutlich über dem EU-Durchschnitt liegen. Generell sind in wohlhabenden Industrieländern die Sozialausgaben nicht nur absolut, sondern auch relativ zum BIP deutlich höher als in ärmeren Ländern, insbesondere auch als in den früher sozialistischen Staaten. Es besteht hier also kein Zielkonflikt, vielmehr ermöglicht Wachstum erst ein hohes Maß auch an immateriellem Wohlstand.

Das gilt auch für die steigenden Kosten des Klimaschutzes und der sogenannten Energiewende. Der Einsatz regenerativer Energieträger mag sich langfristig für den Gesamtwohlstand rentieren. Er kostet aber dennoch materiellen Wohlstand, denn die Gesellschaft muss finanzielle und reale Ressourcen umwidmen, um die zusätzlichen Kosten des Einsatzes etwa von Wind- und Sonnenenergie zu finanzieren. Daran ändern auch die positiven Beschäftigungswirkungen nichts, die dem Einsatz regenerativer Energieträger oft zugeschrieben werden. Denn diese Arbeitsplätze müssen auch bezahlt werden, und die dort eingesetzten Arbeitskräfte stehen für die Produktion anderer Güter nicht mehr zur Verfügung. Auch bleibt in den meisten Berechnungen dazu offen, ob sich überhaupt ein positiver Nettoeffekt auf dem Arbeitsmarkt ergibt. Ausgewiesen wird in der Regel nur der Bruttozuwachs an Arbeitsplätzen etwa in der Windanlagenindustrie, während die Beschäftigungswirkungen eines alternativen Einsatzes der entsprechenden Finanzmittel nicht betrachtet werden.

Letztlich kommt es ohnehin nicht auf die bloße Zahl der Arbeitsplätze, sondern entscheidend auf deren Produktivität an. Würde man beispielsweise alle Bagger durch Arbeiter mit Schaufeln ersetzen, so ergäbe sich rein rechnerisch ein hoher Beschäftigungszuwachs. Letztlich würde aber die Produktion damit ineffizienter und die Gesellschaft somit ärmer und nicht etwa wohlhabender werden. Was wirklich effizient ist, kann letztlich nur durch den Vergleich von Kosten und Zahlungsbereitschaft der Nachfrager entschieden werden.

Von planerischen Vorgaben der Art, wie viel Prozent der Energieversorgung auf welchen Energieträger entfallen sollen bzw. wer wie viel davon verbrauchen darf, ist darum dringend abzuraten. Der zentrale Vorteil einer Marktwirtschaft gegenüber einem derartigen Vorgehen liegt in wettbewerbsbestimmten Preisen, denn diese zeigen an, welche Produkte und Verfahren wirklich lohnend sind und welche

Gefahr für den Wettbewerb: staatlich festgelegte Absatzpreise für Agrarerzeugnisse

eben nicht. Diese Marktsignale können und müssen gelegentlich staatlich korrigiert werden, wenn etwa externe Kosten sich darin nicht richtig widerspiegeln. Wenn allerdings der Staat die Preise selbst setzt oder gar vorschreibt, was und wie viel mit welchen Verfahren und mit welchem Ressourceneinsatz produziert werden darf, dann zerstört er die Signalfunktion der Märkte, statt sie zu korrigieren. Beispiele dafür sind neben planwirtschaftlichen Energiestandards auch staatliche Mindestlöhne, Mietobergrenzen oder garantierte Absatzpreise für Agrarerzeugnisse. Je stärker die wahren Kosten auf diese Weise verschleiert werden, desto weniger Aussagekraft haben die Preise, nicht zuletzt auch die Preise der Güter auf den jeweils nachgelagerten Märkten und Produktionsstufen. Auf Dauer zerstört daher ein solcher Interventionismus Effizienz und Wohlstandswachstum. Keine noch so gut organisierte Behörde kann die Informations- und Signalfunktion dezentral organisierter Märkte ersetzen, wie der Nobelpreisträger F. A. von Hayek nachweisen konnte. An diesem grundsätzlichen Informationsproblem scheiterten letztlich alle Planwirtschaften.

Ein weiteres Argument für künftiges Wirtschaftswachstum ist die dringend notwendige Konsolidierung der Staatsfinanzen. Kurzfristig kann Staatsverschuldung zwar sinnvoll sein, um in einer Rezession die Konjunktur zu stabilisieren. Die Schulden müssen aber im Aufschwung auch wieder zurückgefahren werden, bzw. es sind dann sogar Überschüsse zu erwirtschaften. Denn zum einen darf ein Boom auch nicht zu stark werden, zum anderen muss die Staatskasse für die nächste Krise gewappnet sein. Diese Kehrseite der keynesianischen Nachfragepolitik hat die Politik aber seit den 1970er-Jahren vernachlässigt, selbst in Boomzeiten stiegen die Verschuldungsquoten von Bund, Ländern und Kommunen ständig weiter an. Hinzu kommt, dass das Geld zu großen Teilen konsumtiv verwendet wurde, oft sogar unter Missachtung der eigenen Verfassung (Kitterer; Groneck 2006). Dadurch wurden Ansprüche der Gläubiger auf künftiges Sozialprodukt geschaffen, ohne in Form von Investitionen entsprechende Vorsorge zu treffen. Das Wirtschafts-

Problem Staatsverschuldung

Schuldenlast der Industrieländer in Prozent des Bruttoinlandsprodukts 2010

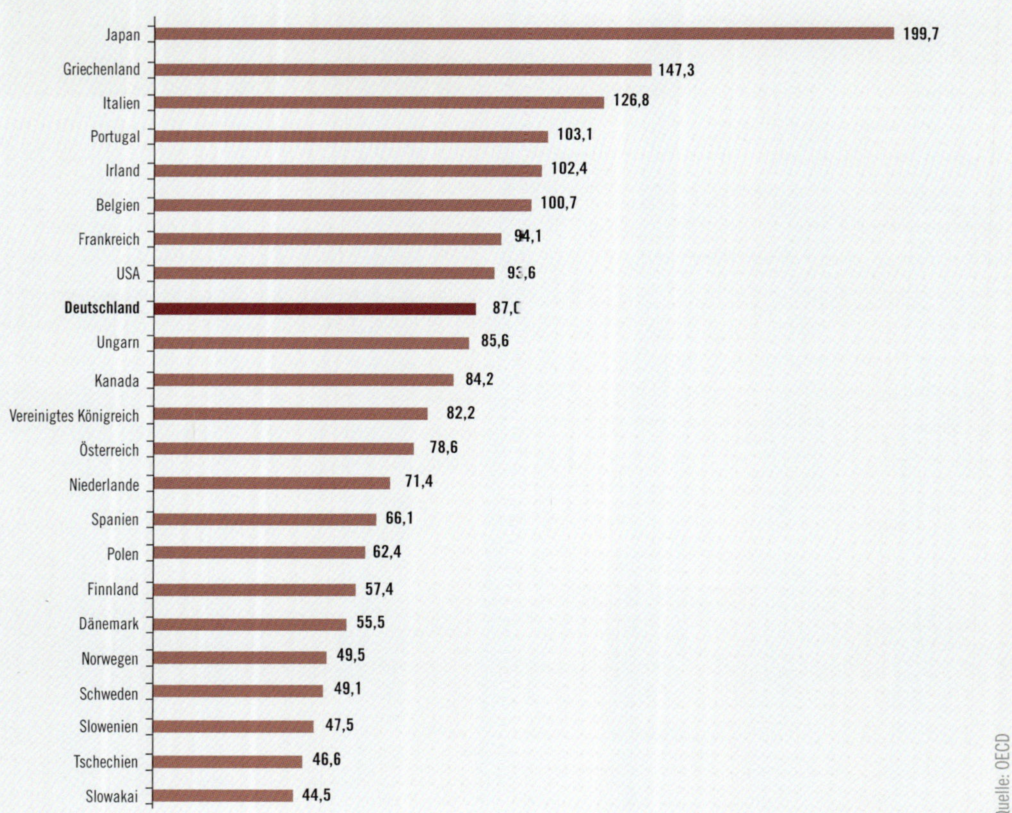

Abbildung 12

Heraus aus der Krise durch nachhaltiges Wachstum

wachstum wird durch eine zu hohe Staatsverschuldung sogar gehemmt, wodurch die Lasten für künftige Generationen noch weiter zunehmen. Die aktuelle Schuldenkrise im Euroraum, aber auch in den USA zeigt in dramatischer Deutlichkeit, wozu eine solche Politik am Ende führt.

Deutschlands Schuldenquote hat sich seit 1991 von 39,5 Prozent des BIP auf inzwischen knapp über 80 Prozent mehr als verdoppelt. Damit ist sie zwar geringer als in vielen vergleichbaren Ländern einschließlich Frankreich, Großbritannien und den USA, liegt aber deutlich über dem im Maastrichter Vertrag vereinbarten Höchstwert von 60 Prozent. Dass es auch anders geht, zeigen Länder wie Schweden und Australien, die in jüngerer Zeit sogar ihre Schuldenquoten reduziert haben. In Deutschland wurden zumindest die Weichen dafür mit der Einfügung einer Schuldenbremse nach Schweizer Vorbild in das Grundgesetz im Jahr 2009 gestellt.

Dass an einer Senkung der Verschuldungsquoten kein Weg mehr vorbeiführt, haben inzwischen auch die Euroländer eingesehen. Bei stagnierender Wirtschaft würde dies allerdings absolut sinkende Staatsausgaben oder massiv steigende Steuerlasten bedeuten. Beides wäre politisch kaum durchsetzbar, wie die aktuellen Vorgänge in Griechenland zeigen. Dagegen kann bei wachsender Wirtschaft auch der Staat allmählich aus seinen Schulden herauswachsen, ohne das Land in eine Zerreißprobe zu bringen. Wächst etwa die Wirtschaft um nominal 5 Prozent pro Jahr, so würde selbst bei einem jährlichen Haushaltsdefizit von 3 Prozent die Maastrichter Schuldengrenze von 60 Prozent langfristig wieder erreicht und auch auf Dauer eingehalten werden.

Ohne reales Wirtschaftswachstum bliebe letztlich nur der Weg, diese und andere Zukunftsaufgaben im Wege der Inflation zu lösen. Damit hat gerade Deutschland historisch die schlechtesten Erfahrungen gemacht.

Enteignung der Sparer, Ruin der Sozialversicherungen, Destabilisierung des Geldes und schließlich auch der Gesellschaft waren die Folgen. Ähnliches wäre zu erwarten, wollte man bei stagnierender Wirtschaft das Schuldenproblem über bloße Umverteilung lösen. Wer dies anstrebt, verkennt nicht nur die Dimension der künftigen Herausforderungen, sondern beschwört zudem Konflikte herauf, welche nicht nur die Marktwirtschaft, sondern auch die Gesellschaft zu zerstören drohen.

Wirtschaftswachstum wird auch benötigt, um dem technischen Fortschritt zum schnelleren Durchbruch zu verhelfen, nicht zuletzt in der Umweltpolitik. Dieser Zusammenhang ist auch als Verdoornsches Gesetz bekannt: Stagniert die Wirtschaft, dann werden veraltete Anlagen und Verfahren weniger rasch durch neue ersetzt, worunter Produktivität und Ressourceneffizienz leiden. Zudem fehlen bei Nullwachstum auch schlicht die Ressourcen, um Bildung, Gesundheit und Umweltschutz voranzubringen, weil Einkommen und Staatseinnahmen stagnieren. Wachstum der materiellen Verteilungsspielräume ist somit unter realistischen Annahmen geradezu eine Bedingung dafür, bei den immateriellen Wohlstandskomponenten voranzukommen.

Zu diesen immateriellen Werten gehören nicht zuletzt Freiheit und Selbstbestimmung der Menschen. Schon die ordoliberalen Vordenker der Marktwirtschaft, zu denen neben Ökonomen auch Juristen gehörten, betonten diesen Aspekt einer freiheitlichen Wirtschaftsordnung besonders. In der heutigen politischen Diskussion wird dieser Aspekt dagegen oft vernachlässigt oder sogar als bloßes Interesse einer Minderheit dargestellt. Empirisch zeigt sich jedoch, dass Freiheit und Rechtsstaatlichkeit von großer Bedeutung für die allgemeine Lebenszufriedenheit sind. Deutschland gehört nach unabhängigen Experteneinschätzungen zu den Ländern, in denen die Bürgerrechte und der Rechtsstaat besonders gut ausgeprägt sind. Dabei spielen Kriterien wie Korruption, Rechtssicherheit, Unabhängigkeit der Justiz, Eigentumsschutz und Freiheit der Menschen eine zentrale Rolle. Es ist kein Zufall, dass die ehemals sozialistischen Länder Osteuropas auch in dieser Hinsicht noch großen Nachholbedarf gegenüber Deutschland haben, von Ländern wie Russland, China oder gar Kuba und Nordkorea ganz zu schweigen.

Auch die früheren DDR-Bürger mussten schmerzhaft erfahren, was es heißt, wenn der Staat das gesamte Leben beherrscht und es weder auf dem Arbeitsmarkt noch auf den Gütermärkten echte Alternativen gibt. Die Soziale Marktwirtschaft schafft dagegen nicht nur mehr materiellen Wohlstand, sie lässt den Bürgern auch ein Höchstmaß an Handlungsalternativen und schützt sie damit vor Monopolen, Bürokratie und Schikanen. So geben z. B. Umweltsteuern und CO_2-Zertifikate allen Energienutzern starke Anreize zu umweltschonendem Verhalten, schreiben ihnen den Weg dazu aber nicht vor und behandeln zudem alle gleich. Im Gegensatz dazu sind direkte Vorschriften wie z. B. Energieeinsparverordnungen im Gebäudebereich nicht nur vielfach unwirtschaftlich, sondern erfordern auch eine ständige Kontrolle des Verhaltens im Einzelfall und greifen damit unmittelbar in die Privatsphäre und die Eigentumsrechte der Menschen ein.

Rechtsstaat: Deutschland in der Spitzengruppe

Qualität des demokratisch-rechtlichen Rahmens in Indexpunkten

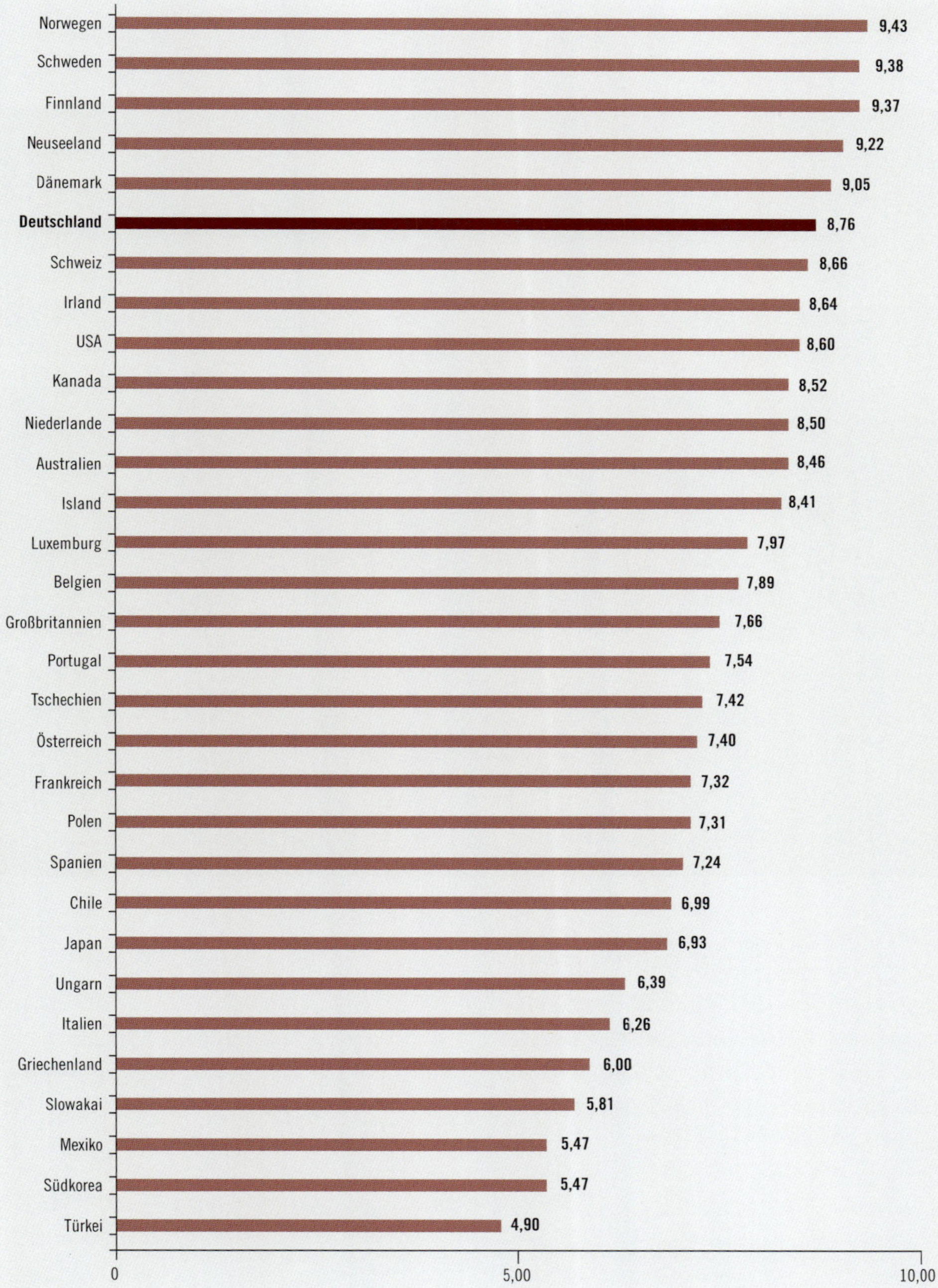

Quelle: Bertelsmann Stiftung, Sustainable Governance Indicators 2011, S. 24

Abbildung 13

WACHSTUMSPOLITIK – ABER WIE?

Nachhaltiges Wachstum muss sich aus technischem Fortschritt und besseren Investitionsbedingungen ergeben

Wirtschaftswachstum kann und braucht auch nicht staatlich verordnet werden, es ergibt sich unter marktwirtschaftlichen Bedingungen von selbst. Das gilt auch unter schwierigen demografischen Bedingungen. Würde Deutschland sein Erwerbspersonenpotenzial ähnlich stark wie etwa die Schweiz ausschöpfen, so könnten trotz rückläufiger Bevölkerung in 40 Jahren ebenso viele Menschen beschäftigt sein wie heute. Wichtige Ansatzpunkte dazu sind kürzere Ausbildungszeiten, späterer Rentenzugang, eine höhere Frauenerwerbsquote sowie ein flexiblerer Arbeitsmarkt zur Senkung der Arbeitslosenquote. Auch innerbetrieblich kann dazu beigetragen werden, indem etwa entsprechend flexible Arbeitszeiten, Fortbildungsmöglichkeiten für ältere Arbeitnehmer und an die individuelle Leistungsfähigkeit angepasste Lohnstrukturen eingeführt werden.

Positiv auf die künftige Produktivitätsentwicklung würde neben dem technischen Fortschritt auch eine verstärkte private Alterssicherung wirken. Denn im Gegensatz zu den staatlichen Umlagesystemen fließen dabei die Ersparnisse in die Kapitalbildung und nicht direkt wieder in den Konsum. In die gleiche Richtung wirkt eine Verringerung der Staatsverschuldung, denn auch der Staat verwendet die ihm zufließenden Ersparnisse zum großen Teil konsumtiv.

Weit unterdurchschnittlich im internationalen Vergleich ist mittlerweile die Investitionsquote in Deutschland, in starkem Gegensatz zur erfolgreichen Nachkriegszeit. Die deutsche Nettoinvestitionsquote lag zwischen 1995 und 2008 nur noch bei 5,3 Prozent und damit auf dem niedrigsten Wert aller OECD-Länder (Sinn 2010). Das liegt nicht nur, aber auch an den hohen Exportüberschüssen Deutschlands, die einen großen Teil der Ersparnis binden. Bessere Investitionsbedingungen, etwa in steuerlicher Hinsicht, könnten dies korrigieren und so für mehr Arbeitsplätze im Inland sorgen.

In der Arbeitsmarkt- und Sozialpolitik muss es vorrangig darum gehen, mehr Beschäftigungschancen zu schaffen, aber auch Anreize zu geben, damit diese tatsächlich genutzt werden. Marktwirtschaftliche Sozialpolitik heißt in erster Linie, den Menschen Angeln zu geben, nicht einfach nur Fische. Sowohl der Sachverständigenrat als auch das ifo Institut und das IZA in Bonn haben detaillierte Vorschläge dazu gemacht, wie eine aktivierende Sozialpolitik im Einzelnen aussehen könnte.

Das Wichtigste ist es jedoch, in Deutschland wieder ein Bewusstsein dafür zu schaffen, dass hoher Wohlstand nicht von ungefähr kommt und dass Wirtschaftswachstum auch künftig notwendig ist. Die Beschäftigung mit wirtschaftlichen Zusammenhängen, aber auch mit der ökonomischen Geschichte der beiden Teile Deutschlands sollte deshalb selbstverständlicher Bestandteil des Schulunterrichtes sein. Deutschland kann als ressourcenarmes und nicht eben billiges Land auf Dauer nur an den Weltmärkten bestehen, wenn es über die besten Köpfe und eine überlegene Wirtschaftsordnung verfügt. Für beides ist Bildung und insbesondere auch ökonomische Bildung die alles entscheidende Grundlage.

LITERATUR

Bertelsmann Stiftung (2011): Sustainable Governance Indicators 2011, Gütersloh.

Bundeszentrale für politische Bildung (2008): Die soziale Situation in Deutschland. http://www.bpb.de/wissen/I1WQ8G,0,0,Einkommensteueranteile.html.

Bundesministerium für Bildung und Forschung (2010): Bildung in Deutschland 2010, Berlin.

Burda, Michael; **Hunt,** Jennifer (2011): What Explains the German Labor Market Miracle in the Great Recession? National Bureau of Economic Research, Working Paper Nr. 17187.

Central Intelligence Agency, CIA (2011): The World Factbook, Washington.

Deutsches Institut für Wirtschaftsforschung, DIW (2007): DIW Wochenbericht 45/2007, Berlin.

Eucken, Walter (1952): Grundsätze der Wirtschaftspolitik, Tübingen.

Europäische Kommission (2011): The annual macro-economic database, Brüssel.

Institut der deutschen Wirtschaft Köln, IW (2010): Dossier „Wohlstand in Deutschland". http://www.iwkoeln.de/Publikationen/IWDossiers.aspx.

Institut der deutschen Wirtschaft Köln, IW (2011) (Hrsg.): Deutschland in Zahlen 2011, Köln.

Institut für Arbeitsmarkt- und Berufsforschung (2011): IAB aktuell vom 10. Februar 2011, Bonn.

Kitterer, Wolfgang; **Groneck,** Max (2006): Dauerhafte Verschuldungsregeln für die Bundesländer, in: Wirtschaftsdienst 86, Nr. 9, 2006, S. 559–563.

OECD (2011): Society at a Glance, OECD Social Indicators, Paris.

Plumpe, Werner (2008): Industrieland Deutschland 1945–2008, in: Einsichten und Perspektiven, Bayerische Zeitschrift für Politik und Geschichte, 3/2008, München.

Sachverständigenrat (2007): Jahresgutachten 2007/08, Wiesbaden.

Sachverständigenrat (2009): Jahresgutachten 2009/10, Wiesbaden.

Sinn, Hans-Werner (2010): Knacks im Geschäftsmodell und nachweisbare Wirkung. http://www.oekonomenstimme.org/artikel/2010/07/knacks-im-geschaeftsmodell/.

van Suntum, Ulrich (2010): Gesellschaftspolitische Vorteile des Wohneigentums, in: Aspekte des Wohneigentums, Friedrich-Naumann-Stiftung, liberal Verlag, Bd. 25, Januar 2010, S. 52–81, Berlin.

[1] Netto, d. h. nach Abzug der Abschreibungen. [2] Zahlen für 2008, Quelle: OECD 2011. [3] Die Durchschnittsrente für Frauen liegt mit 697 Euro im Osten sogar um rd. 35 % höher als im Westen, für Männer liegt sie mit 1.017 Euro bei 96 Prozent des Westniveaus (jeweils 2009). [4] Unter 31 OECD-Ländern nimmt Deutschland bei der Geschlechtergleichbehandlung Platz 15 und bei der Nichtdiskriminierung insgesamt Platz 11 ein. [5] Der Gini-Koeffizient als gebräuchlichstes Maß der Einkommensungleichheit liegt immer zwischen 0 (völlige Gleichverteilung) und 1 (maximale Ungleichverteilung). Die derzeit aktuellsten, für alle OECD-Länder verfügbaren Werte liegen für 2004 vor. Die Daten der Abbildung wurden dem auf OECD-Zahlen basierenden SGI-Datensatz der Bertelsmann Stiftung entnommen. [6] Im SGI-Datensatz der Bertelsmann Stiftung liegt Deutschland bei der Armutsquote – bezogen auf äquivalenzgewichtete Haushalte – auf dem 16. Platz von 31 OECD-Ländern (Bertelsmann 2011). [7] Gemeint ist hier das Medianeinkommen, d. h. das Einkommen desjenigen Bürgers, der genau in der Mitte der Einkommenshierachie steht. Es lag in Deutschland 2009 bei 18.586 Euro (jährliches Äquivalenzeinkommen) und ist typischerweise niedriger als das entsprechende Durchschnittseinkommen (21.223 Euro). [8] Im Jahr 2007 lag die Armutsschwelle in Deutschland bei 10.953 Euro Jahresnettoeinkommen. Das mittlere Jahresnettoeinkommen lag demgegenüber in Polen bei 6.725 Euro, in Ungarn bei 6.858 Euro, in Bulgarien bei 4.812 Euro und in Rumänien bei 3.277 Euro. [9] Der entsprechende Gini-Koeffizient beträgt für Deutschland 0,78, für die USA 0,84 und für Schweden 0,89. Im Mittel von neun ausgewählten Ländern lag er gemäß einer Studie aus dem Jahr 2006 bei 0,95 (Sachverständigenrat 2007, TZ 747). [10] Im Jahr 2010 betrug der Anteil des kalkulatorischen Unternehmerlohns an den Unternehmens- und Vermögenseinkommen nach Berechnung des Statistischen Bundesamtes 24,1 Prozent (IW 2011, Tab 6.1). [11] Zahlen für 2007.

2. Warum Wachstum? Sechs Gründe für eine gute Sache

Prof. Dr. Karl-Heinz Paqué

VITA

Prof. Dr. Karl-Heinz Paqué, geb. 1956 in Saarbrücken, studierte Volkswirtschaftslehre an den Universitäten von Saarbrücken und Kiel sowie der University of British Columbia, Vancouver (Kanada). Nach einem Forschungsaufenthalt in den Vereinigten Staaten sowie Promotion und Habilitation an der Universität Kiel und fünfjähriger Tätigkeit als wissenschaftlicher Direktor und Abteilungsleiter am Institut für Weltwirtschaft Kiel erfolgte 1996 die Berufung auf den Lehrstuhl für Volkswirtschaftslehre an der Otto-von-Guericke-Universität Magdeburg. Seine Schwerpunkte in Lehre und Forschung liegen auf den internationalen Wirtschaftsbeziehungen, einschließlich des Wachstums und Strukturwandels der deutschen Wirtschaft.

Von 2002 bis 2006 war er Finanzminister des Landes Sachsen-Anhalt, danach bis 2008 Vorsitzender der FDP-Fraktion im Landtag Sachsen-Anhalts. Im April 2008 zog er sich aus der Landespolitik zurück.

Er ist Mitglied in einer Reihe gemeinnütziger Organisationen, so u. a. im Konvent für Deutschland, der Hayek-Gesellschaft sowie im Verein für Socialpolitik (von 2000 bis 2002 auch als Vorstandsmitglied). Er ist ferner Botschafter der Initiative Neue Soziale Marktwirtschaft und seit Januar 2011 Mitglied der vom Deutschen Bundestag eingerichteten Enquete-Kommission „Wachstum, Wohlstand, Lebensqualität". Er ist Verfasser zahlreicher Publikationen, unter anderem des Buches „Wachstum! Die Zukunft des globalen Kapitalismus".

INHALT

2. Warum Wachstum? Sechs Gründe für eine gute Sache

Karl-Heinz Paqué

DIE AUSGANGSLAGE

Wachstum ist in die Kritik geraten. Immer lauter werden die Stimmen, die sagen: Wirtschaftswachstum hat als politisches Ziel ausgedient. Es führt zu Ungerechtigkeit, verschlingt unsere Ressourcen und erwärmt das Klima. Es untergräbt unsere Moral, es zerstört unsere Lebensgrundlagen, es bedroht den Zusammenhalt unserer Gesellschaft. Und es macht dabei die Menschen noch nicht einmal glücklich. Wir brauchen eine Kehrtwende: weg vom Wachstum. Im Übrigen, so die Sicht, ist Wachstum bei uns gar nicht mehr möglich: Die Gesellschaft altert und verliert an Dynamik, der Sozialstaat ist nicht mehr finanzierbar, die Schuldenlast erdrückend. Es hilft nur ein grundlegender Wertewandel: Bescheidenheit, Konsumverzicht, den Gürtel immer enger schnallen. Darauf – und nicht auf Wachstum – sollten sich die Gesellschaft als Ganzes und die Menschen als Einzelne einstellen.

Soweit die weitverbreitete Sicht. Politisch steht sie kurz davor, zur herrschenden Meinung zu werden. Sie ist deshalb sehr ernst zu nehmen. Dieser Beitrag tut dies.[1] Er prüft einzelne zentrale Aspekte dieser Sicht. Konkret diskutiert er sechs Gründe für Wachstum, drei davon globale und drei nationale Gründe. Und er kommt zu ganz anderen Ergebnissen: Wachstum – richtig verstanden – tut eigentlich all dies nicht, was man ihm an Bösem unterstellt. Im Gegenteil, Wachstum hilft, die großen Herausforderungen unserer Zeit für die Menschen der Welt und die Bürger in Deutschland einigermaßen zu bewältigen. Anders formuliert: Wachstum mag Teil des Problems sein, aber es ist auch ein Teil der Lösung. Jedenfalls wird es kaum möglich sein, ohne Wachstum die großen Ziele der Menschheit zu erreichen oder ihnen zumindest näher zu kommen.

SECHS GRÜNDE

GRUND I: WACHSTUM VERBESSERT DIE LEBENSQUALITÄT

Kritiker des Wachstums sehen im Wirtschaftswachstum im Wesentlichen „quantitatives Wachstum", also ein Wachstum der verbrauchten Menge an Waren und Dienstleistungen. Diese Vorstellung ist in hohem Maße irreführend. Warum? Weil der Großteil des Wirtschaftswachstums nicht ein Mengenwachstum des Güterkonsums ist, sondern ein qualitatives Wachstum. Lediglich in den allerersten Stufen der wirtschaftlichen Entwicklung – vom armen Entwicklungsland zum nicht mehr ganz so armen Schwellenland – geht es typischerweise um ein quantitatives Mehr an Konsum vom Gleichen: mehr Nahrung, mehr Kleidung, mehr Wohnraum; und dann um den Konsum von Neuem: die ersten Möbel, die ersten Haushaltsgeräte, das erste Auto, die erste Urlaubsreise.

Lebensqualität ist nicht nur materieller Wohlstand

Wir entsinnen uns: Diese Art von Konsumwellen war in Westdeutschland und allen anderen hochentwickelten Industrieländern schon in den Sechziger- und Siebzigerjahren weitgehend abgeschlossen. Was seither gekommen ist, das ist im Wesentlichen eine verbesserte Qualität und Vielfalt einer durchaus konstanten Palette von Waren und Dienstleistungen. Die nächste Generation von Möbeln, Haushaltsgeräten, Autos, Urlaubsreisen wird ästhetischer, sicherer, bedienungs- und umweltfreundlicher, bequemer, je nach Vorlieben der Nachfrager und Leistungen der Anbieter. Es steigt vor allem der Gebrauchswert der Güter, nicht die Menge. Wer würde schon ernsthaft ein Plädoyer dafür halten, die heutigen Versionen der Güter mit früheren zu tauschen, um in Selbstbescheidung auf ein niedrigeres Konsumniveau zu kommen? Selbst neue Güter – Personal Computer statt der alten Schreibmaschine, Mobiltelefon statt Festanschluss, iPad statt traditionellem Notizblock– sind vor allem qualitative Fortschritte in der Bewältigung von speziellen Aufgaben der Kommunikation und der Büroarbeit.

Überspitzt formuliert: Die Menschheit ist kein gefräßiger Hund, der – von unersättlicher Gier getrieben – immer mehr vom gleichen Futter in sich hineinstopft. Es geht vielmehr um eine globale Gesellschaft, die zunächst ihre Grundbedürfnisse nach Nahrung, Kleidung und Wohnung befriedigt, sich dann mit langlebigen Gütern ausstattet – vom Kühlschrank bis zum Kraftfahrzeug – und schließlich auf breiter Front die Qualität und die Vielfalt des Konsums verbessert. In diesem Bild ist die Wirtschaft nicht der Massenhersteller von immer mehr eintöniger Kost. Sie ist vielmehr Begleiter eines tief greifenden Wandels der Werte und vor allem der Produzent neuen Wissens.

Wohlstand jenseits des BIP: Kunst und Kultur profitieren von qualitativem Wachstum

Es geht dabei übrigens keineswegs nur um Wissen, das ausschließlich privatwirtschaftlich verwertbar ist. Auch Kunst und Kultur sowie die Grundlagenforschung in den wirtschaftsfernsten Gebieten profitieren massiv davon, und zwar ziemlich direkt. Dies haben gerade die technischen Fortschritte der letzten Jahrzehnte eindrucksvoll unter Beweis gestellt: Die Museumslandschaft erlebt eine radikale Modernisierung der Ausstellungsformen, das Bibliothekswesen eine weltweite Vernetzung, die kunstgeschichtliche Forschung einen Boom in der chemischen Werkanalyse, die Archäologie eine Revolution in der Grabungstechnik – und dies alles, weil neue Techniken jenseits des wirtschaftlichen Profits für den gemeinnützigen Bereich nutzbar werden. Der Nutzen der Technik geht also weit über das hinaus, was in den Statistiken der wirtschaftlichen Wertschöpfung und deren Wachstum zu messen ist.

Damit wird aber auch klar: Der Verzicht auf Wachstum ist eine merkwürdige Forderung. Sie bedeutet nämlich den Verzicht auf die Umsetzung von neuem Wissen in eine qualitativ bessere und vielfältigere Produktwelt, und zwar privatwirtschaftlich und gemeinnützig. Wollen wir das wirklich? Wollen wir wirklich, dass die Entstehung oder die Anwendung neuen Wissens gebremst wird? Merkwürdig ist die Forderung vor allem mit Blick auf Entwicklungs- und Schwellenländer: Warum sollten diese freiwillig darauf verzichten, bereits global vorhandenes Wissen im Zuge einer Industrialisierung in größere wirtschaftliche Leistungsfähigkeit und Arbeitsproduktivität umzusetzen, sobald sie vom Bildungsstand ihrer Bevölkerung her in der Lage sind, dies zu tun? Merkwürdig ist die Forderung aber auch für hochentwickelte Industrieländer: Warum sollten diese die Innovationskraft ihrer Industrien bremsen und damit möglicherweise im Lebensstandard stagnieren oder gar zurückfallen, wenn andere aufholen und die eigenen Pionierrenten dahinschwinden? Kurzum: Der Verzicht auf Wachstum macht eigentlich keinen Sinn, zumindest dann nicht, wenn man das Wesen des Wachstums in einer modernen Welt in den Blick nimmt.

GRUND II: WACHSTUM NÜTZT VOR ALLEM DEN ARMEN

Häufig wird behauptet, vom Wachstum profitierten nicht die Armen, sondern andere, vor allem die Reichen. Diese Behauptung ist historisch völlig unhaltbar, zumindest dann, wenn man die Armut als absoluten Lebensstandard interpretiert. Es besteht nicht der geringste Zweifel, dass es den Armen in unserer heutigen deutschen Gesellschaft weit besser geht als den Armen in der deutschen Gesellschaft vor, sagen wir, zwei Generationen. Das Gleiche gilt für alle Industrieländer. Das Gleiche gilt aber auch für praktisch alle Entwicklungsländer, die über Jahrzehnte gewachsen sind: für China, Indien, Brasilien, Indonesien und viele andere. Im Indien Indira Gandhis der 1970er-Jahre gab es noch Hungersnöte. Heute gibt es dergleichen nicht mehr, trotz erheblich gewachsener Bevölkerung.

Es gilt übrigens auch im internationalen Vergleich: Die Armen Chinas stehen heute viel besser da als die Armen Afrikas, und zwar gerade deshalb, weil China über nun drei Jahrzehnte kräftig gewachsen ist und Afrika nicht. Das kräftige Wachstum einiger großer armer Entwicklungsländer ist auch der Hauptgrund dafür, dass der Anteil der Ärmsten an der Weltbevölkerung in den letzten Jahrzehnten deutlich gesunken ist, wie immer man ihn misst, und zwar trotz Wachstum der Weltbevölkerung.

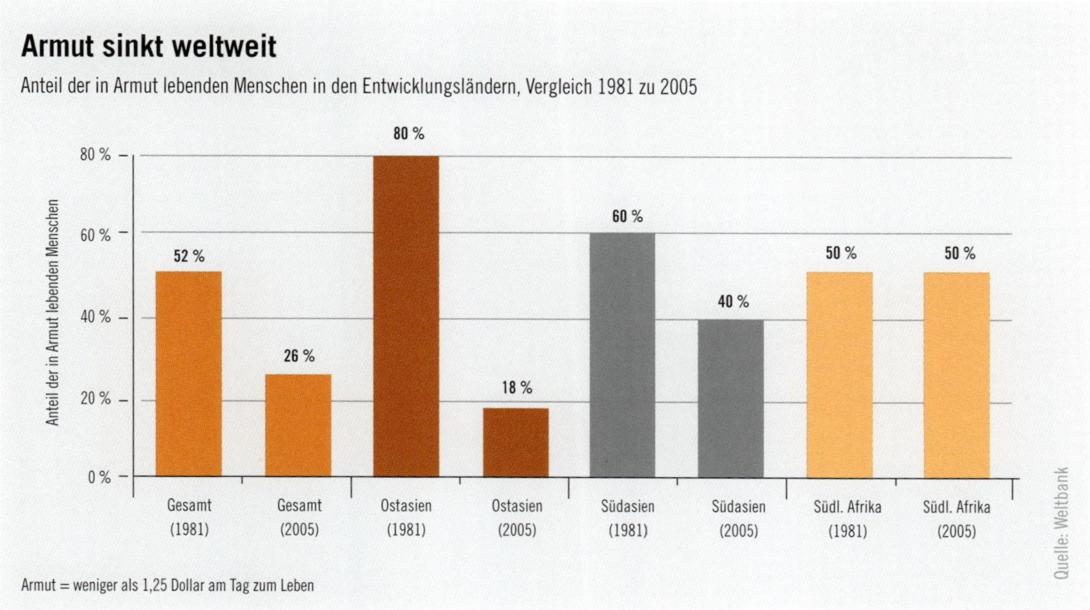

Abbildung 1

Nachhaltiges Wachstum hilft Armut in Entwicklungs- und Schwellenländern zu bekämpfen

Allerdings: Viele Wachstumskritiker wählen als Maß für den Erfolg der Bekämpfung von Armut nicht den erreichten absoluten Lebensstandard, sondern den relativen, also relativ zu den wohlhabenden Gruppen der Gesellschaft. Es geht dann also gar nicht um die Bekämpfung der Armut, sondern um die Schere zwischen Arm und Reich. Dann allerdings ist das Bild natürlich differenzierter, denn die Schere schließt sich durch Wachstum nur, wenn der Lebensstandard der Armen schneller wächst als der der Reichen. International tut er dies übrigens: China und Indien, um nur zwei große Länder zu nennen, sind noch arm, wachsen aber weit schneller als die reichen OECD-Länder, sodass die Einkommensverteilung zwischen armen und reichen Nationen dramatisch „gleicher" geworden ist. Innerhalb einzelner Nationen ist das Bild allerdings höchst unterschiedlich – von Land zu Land, von Zeitraum zu Zeitraum. Und es kann durchaus sein, dass schnelles Wachstum über längere Zeit mit einer Zunahme der Einkommensungleichheit verbunden ist. Dies liefert ein gutes Argument für politische Maßnahmen zur Verbesserung der Teilhabe der ärmeren Schichten, etwa durch eine Bildungspolitik, die die gesellschaftliche Mobilität fördert. Es ist aber überhaupt kein Argument, das Wachstum selbst zu bremsen oder abzuwürgen, denn das absolute Sinken der Einkommen der Armen im Wachstumsprozess bleibt eine sehr seltene Ausnahme.

GRUND III: WACHSTUM HILFT, RESSOURCEN UND KLIMA ZU SCHONEN

Mehr als alles andere beschäftigt Wachstumskritiker die Frage nach den natürlichen Grenzen des Wachstums. Sie behaupten, unser Planet setze definitive Grenzen des Wohlstandes, die wir in Kürze erreichen werden – durch Ausbeutung von Ressourcen und durch Schädigung des Ökosystems, allen voran die Forcierung des Klimawandels über den Ausstoß von Treibhausgasen.

Tatsächlich kann nicht bestritten werden, dass das globale Wachstum unter realistischen Annahmen in den nächsten Dekaden eine beträchtliche Steigerung der Emissionen an Treibhausgasen mit sich bringen wird. Allerdings konzentriert sich die Zunahme in starkem Maße auf jene großen Entwicklungsländer, die heute noch relativ arm sind, aber schnell wachsen und dabei, wie China und Indien, über reiche Kohlevorkommen verfügen. Im Vergleich dazu fällt die Veränderung des Ausstoßes an Treibhausgasen der heute schon wohlhabenden Industrieländer relativ gering aus. Die Dynamik der Klimawirkung ist also weitgehend bestimmt durch die Dynamik des Wirtschaftswachstums in den großen Entwicklungs- und Schwellenländern.

Diese Konstellation stellt die Weltgemeinschaft vor ein überaus kompliziertes ökonomisch-politisches Problem. Das Scheitern des Klimagipfels in Kopenhagen Ende 2009 war ein erstes Symptom dafür. Die Problemlage ist dabei schnell skizziert: Alle sehen das Risiko des menschlichen Einflusses auf den Klimawandel, wenn auch über die konkreten Auswirkungen sehr viel Unsicherheit herrscht. Jene Länder aber, deren Wirtschaftswachstum entscheidend sein wird für das künftige Niveau des Ausstoßes, sehen gleichermaßen große Risiken für ihr Wachstum, wenn sie sich zu einem harten Umsteuern zu treibhausarmen Technologien verpflichten, zumal die heute noch gar nicht verfügbar sind, jedenfalls nicht zu akzeptablen Kosten. Dies gilt umso mehr, da im Pro-Kopf-Ausstoß der Treibhausgase selbst China und Indien bei massiver Förderung der Kohle die meisten europäischen Länder und allemal die USA in den nächsten Jahrzehnten nicht erreichen werden. Eine moralisierende Diskussion nach dem Motto: Ihr, die Chinesen und Inder, dürft jetzt das nicht tun, was wir, die Europäer und Amerikaner, historisch getan haben, führt deshalb voraussehbar in eine Sackgasse.

Gibt es eine Lösung? In Deutschland glaubt man, sie bestünde darin, dass wir mit einem überaus ambitionierten Programm der Förderung erneuerbarer Energien und des Energiesparens als leuchtendes Beispiel vorangehen – so avisiert in dem jüngst verabschiedeten Energiekonzept der Bundesregierung, das u. a. gigantische Offshore-Windparks in der Nordsee und eine völlig neue Leitungsinfrastruktur über riesige geographische Entfernungen sowie gigantische Energiesparinvestitionen im Gebäudebereich für die nächsten vier Dekaden vorsieht. Klar ist dabei zwar, dass Deutschlands Treibhausgasreduktion an sich das Klima nur marginal beeinflusst, aber offenbar besteht hierzulande die politische Hoffnung, andere würden dem ehrgeizigen deutschen Modell schnell folgen.

Nach menschlichem Ermessen ist dies allerdings kaum realistisch. Insofern ist die deutsche Strategie überaus riskant – zumal dann, wenn sie zu höheren Energiekosten und einer verschlechterten Wettbewerbsposition der deutschen Wirtschaft führt (und damit Wirtschaftswachstum kostet). Jedenfalls ist eher damit zu rechnen, dass die großen Entwicklungs- und Schwellenländer erst im Zuge ihres eigenen wirtschaftlichen Wachstums eine starke ökologische Präferenz entwickeln werden, und zwar sowohl bei der Lösung lokaler Umweltprobleme wie

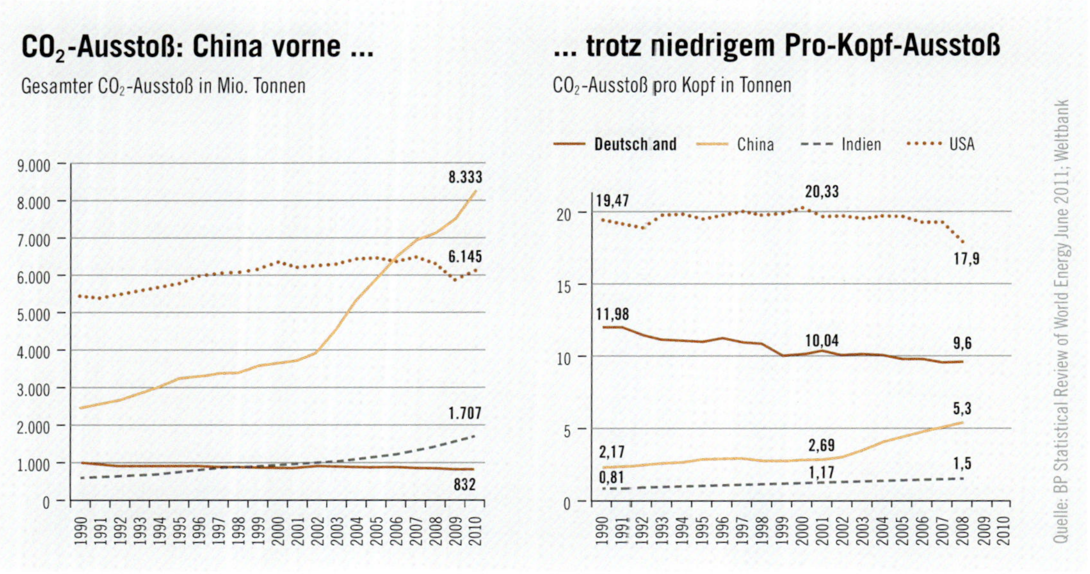

Abbildung 2

verschmutzter Luft, Flüsse und Städte als auch mit Blick auf den globalen Klimawandel. Dies war auch in der Vergangenheit zu beobachten: Erst wenn Entwicklungs- und Schwellenländer die am meisten drängenden gesellschaftlichen Probleme gelöst haben, rückt die Ökologie in der politischen Priorität nach vorn. Dies kann bei der hohen Wachstumsgeschwindigkeit von Ländern wie China und Indien bereits in einer Generation der Fall sein. Erst dann könnte ein weltweiter Konsens in der Klimapolitik nahe rücken.

Es ist also paradox: Das wirtschaftliche Wachstum in den Entwicklungs- und Schwellenländern verschärft das Klimaproblem, aber es kann auch längerfristig zu seiner Lösung beitragen, denn nur bei hinreichendem Wohlstand gibt es überhaupt eine Chance, Chinesen und Inder davon zu überzeugen, sich massiv an der Klimapolitik zu beteiligen. Bis dahin gilt es, ein wenig Geduld zu bewahren – und pragmatisch die Entwicklung neuer Umwelttechnologien in Ländern wie China und Indien mitzufördern. Eine „Politik mit der Brechstange", die einzig und allein auf eine sofortige (und massive) Senkung der Treibhausgasemissionen drängt, ist wohl zum Scheitern verurteilt.

Im Übrigen gilt es, weiter die Forschung im Bereich der umweltschonenden Energien voranzutreiben. Dies wird umso eher gelingen, je mehr Mittel dazu weltweit zur Verfügung stehen. Und dies ist nicht nur eine Frage staatlicher Lenkungspolitik, sondern vor allem auch des wirtschaftlichen Wachstums. Gerade dieses schafft Möglichkeiten, mehr Geld in die Forschung zu stecken – und zwar nicht nur in Deutschland, sondern auch in den großen Ländern China und Indien, die in wenigen Jahren in der technischen Forschung eine gewichtige weltweite Rolle spielen werden.

Wichtig ist schließlich, sich klarzumachen, dass auch die Anpassung an Veränderungen des Klimas, ob nun von der Natur oder vom Menschen ausgelöst, am besten funktioniert, wenn eine Gesellschaft über ein hohes Niveau des technologischen Wissens verfügt. So wäre etwa Bangladesch gegen einen Anstieg des Meeresspiegels vor allem dann gut gerüstet, wenn es das Niveau der holländischen Wasser- und Deichtechnik schnellstmöglich erreichte. Und dies wird vor allem durch eines erleichtert: durch ein kraftvolles Wirtschaftswachstum.

GRUND IV: WACHSTUM IST MÖGLICH – TROTZ ALTERUNG DER GESELLSCHAFT

Eine wesentliche Quelle der Wachstumsskepsis ist, zumindest hierzulande, die demografische Entwicklung. Die Gesellschaft altert, und damit verbreitet sich das Gefühl, dass es immer schwieriger sein wird, bei weniger Erwerbstätigen und mehr Rentnern und Transferempfängern den bisherigen Lebensstandard aufrechtzuerhalten. Es entsteht das drohende Bild einer Art von kollektivem Altersheim: Eine große Zahl anspruchsvoller Menschen, die versorgt werden müssen, aber selbst dazu nichts beitragen können, und auf der anderen Seite eine schwindende Zahl von Beitragszahlern zu den sozialen Sicherungssystemen. Hinzu kommt die mangelnde Dynamik einer alternden Gesellschaft, die gar nicht mehr in der Lage ist, den Belastungen der modernen Welt standzuhalten. Steigende Leistungsanforderungen bei abnehmender Leistungsfähigkeit: Wie soll da eine Wirtschaft dynamisch expandieren, selbst wenn man dies zum politischen Ziel erklärt? Der Verzicht auf Wachstum wird da nicht nur zum Wunsch, sondern fast zum zwingenden Gebot.

So weit die gängige Argumentation. Sie beschreibt eine fraglos vorhandene Gefahr, denn in einer alternden Gesellschaft werden in der Tat jene Eigenschaften knapp, die kennzeichnend sind für jugendliche Dynamik. Allerdings gilt es zu bedenken, dass die Alterung der Gesellschaft keineswegs ein neues Phä-

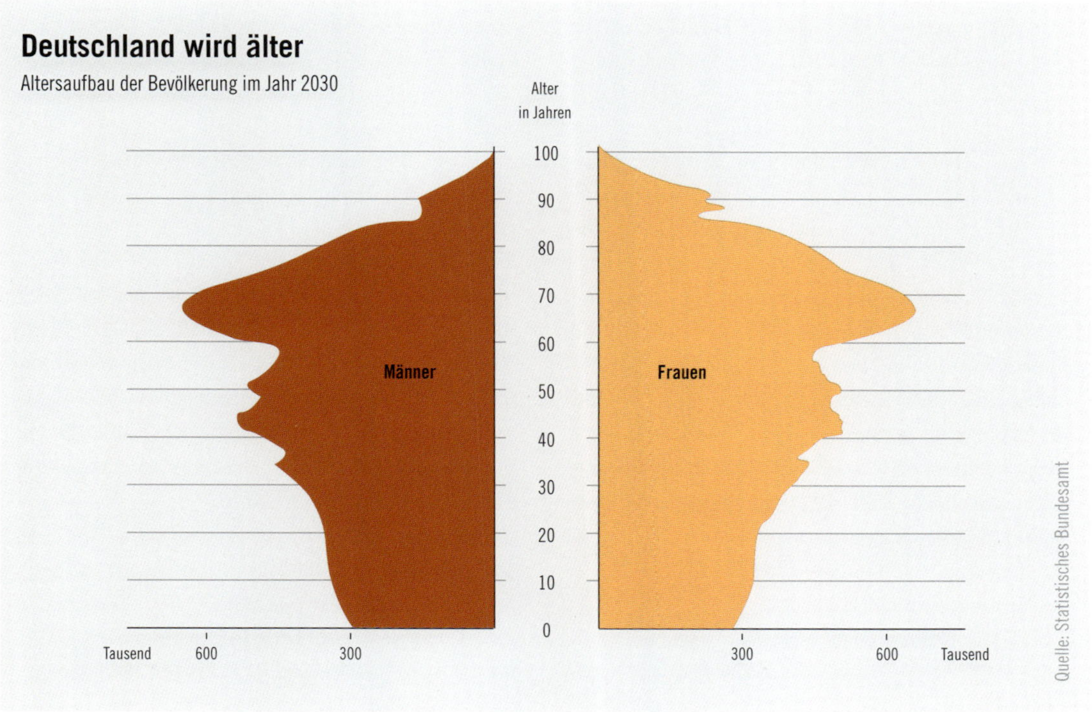

Abbildung 3

nomen ist, sondern schon Jahrzehnte zurückreicht – im Grunde bis zum Eintritt der Babyboom-Generation in den Arbeitsmarkt während der 1970er- und 1980er-Jahre. Offenbar konnte unsere Gesellschaft damit bisher relativ gut umgehen. Es gab, bisher zumindest, genug Möglichkeiten der erfolgreichen Anpassung an die neuen Bedingungen, und zwar sowohl durch die Wirtschaft als auch den Staat. Wird dies auch in der Zukunft so sein? Niemand kann dies mit Sicherheit voraussagen, aber es gibt doch gute Gründe, der Gesellschaft in dieser Hinsicht weit mehr zuzutrauen, als es Wachstumsskeptiker heute tun. Einige Überlegungen machen dies schnell deutlich.

Ausgangspunkt ist zweierlei: die staatliche Verlängerung der Lebensarbeitszeit bei deutlich erhöhter Lebenserwartung der Menschen und ebenso deutlich verbessertem Gesundheitszustand der künftigen gegenüber früheren 60- bis 70-Jährigen; und die zunehmende Knappheit junger qualifizierter Fachkräfte. Beides wird Unternehmen dazu veranlassen, ihre betriebliche Arbeitsteilung grundlegend zu überdenken. Denn junge Arbeitskräfte werden höchst begehrt und teuer. Es lohnt sich deshalb, sie nur mehr für jene Aufgaben einzusetzen, für die sie wirklich besonders gut und unentbehrlich sind, also vor allem bei Tätigkeiten, die ein hohes Maß an „fluider Intelligenz" voraussetzen, also schnelle Auffassungsgabe und gutes Reaktionsvermögen, originelle Problemlösung und jugendliche Fantasie. Alle anderen Aufgaben erfüllen ältere Arbeitskräfte, die ihre Stärken in sog. "kristalliner Intelligenz" aufweisen: menschliche Erfahrung, Gelassenheit und Kommunikationsfähigkeit. Sie werden auch im Alter zwischen 50 und 60 Jahren noch auf neue Aufgaben vorbereitet – auf Kosten der Unternehmen, für die es sich bei längerer Lebensarbeitszeit und Facharbeiterknappheit lohnt, in ihre Mitarbeiter zu investieren.

So kann eine neue Welt der betrieblichen Arbeitsteilung entstehen. Allerdings nur dann, wenn Tarifparteien und Staat dies auch zulassen: durch neue Tarifstrukturen. Tatsächlich hat dies Ähnlichkeit mit den 1960er-Jahren, als die vertikale Mobilität der Arbeitskräfte einen außerordentlich starken Zuwachs der Produktivität zuließ. Und übrigens auch ein schnelles Aufholen strukturschwächerer Regionen, denen es gelang, Direktinvestitionen aus den urbanen Zentren anzulocken, in denen die Knappheit an Arbeitskräften besonders dramatisch ausfiel. Dies könnte auch in der Zukunft wieder eine Chance sein, gerade für den Osten Deutschlands oder auch das Saarland mit seiner noch immer überdurchschnittlichen Arbeitslosigkeit.

Schließlich kann die Zuwanderung helfen, eine altersturbedingte Schwäche der Innovationskraft auszugleichen. Diesen Weg gehen seit Langem die klassischen Einwanderungsländer der Welt – von den Vereinigten Staaten und Kanada bis Australien und Neuseeland. Allerdings erfordert dies eine politische Entscheidung, und zwar hin zu einer stärker ökonomischen Zielsetzung der Einwanderungspolitik, die bevorzugt auf junge Immigranten mit guter Ausbildung und unternehmerischem Elan setzt. Die globalen Grenzen findet eine solche Politik erst dort, wo sie in den Herkunftsländern der Einwanderung zu einem massiven „brain drain" führt, der dann die Aufholchancen weiter Regionen der Welt negativ beeinflusst. Dies mag besonders innerhalb der Europäischen Union zu einem Problem werden, da dort auch in den Herkunftsländern die Bevölkerung stark altert und infolge der Freizügigkeit ohnehin die Mobilitätsbarrieren sehr gering sind (Paqué 2011). Im weltweiten Maßstab dürfte es auf absehbare Zeit dagegen kaum eine Rolle spielen.

GRUND V: WACHSTUM IST NÖTIG – ZUM ERHALT DES SOZIALSTAATS

Wachstum in Deutschland ist nicht nur möglich, sondern auch dringend nötig. Dies gilt zumindest dann, wenn man das gesellschaftliche Ziel hat, den heutigen Standard des Sozialstaats und des Gesundheitswesens zu erhalten. Denn klar ist: Eine alternde Gesellschaft wird mehr Kosten der Versorgung in Gesundheit und Pflege verursachen. Dies gilt umso mehr in einer Welt, in der es immer bessere technische, psychologische und soziale Möglichkeiten der Betreuung gibt. Es wird schon aus humanitären Gründen nicht in Frage kommen, diese Möglichkeiten den Menschen vorzuenthalten oder gemäß der wirtschaftlichen Lage des Einzelnen zu „rationieren", nur um Geld zu sparen.

Nachhaltiges Wirtschaften in der Sozial- und Gesundheitspolitik kann soziale Konflikte in Zukunft entschärfen

Es ist merkwürdig, wie wenig bewusst den meisten Wachstumskritikern die Sprengkräfte der Herausforderung sind, die der Sozialstaat in der Zukunft mit sich bringt. Dies gilt besonders für das Gesundheitswesen, wo mit hoher Geschwindigkeit neues medizinisches Wissen entsteht, und zwar weltweit. Dieses Wissen in die Praxis umzusetzen, wird hohe Kosten verursachen, selbst wenn es mit aller politischen Kraft gelingt, das Gesundheitswesen auf ein Höchstmaß an Effizienz zu hieven. Ein Land, das sich systematisch aus dem Geleitzug des Wachstums ausklinkt, wird deshalb sehr schnell diese Kosten nur mehr durch einen stark steigenden Anteil der Gesundheitsausgaben am Bruttoinlandsprodukt finanzieren können. Der ohnehin unvermeidbare Trend hin zu mehr Gesundheitskosten, den allein die demografische Entwicklung überall verursacht, würde damit in seiner volkswirtschaftlichen Wirkung noch massiv verstärkt. Es fällt schwer, dies als eine wünschenswerte Entwicklung anzusehen. Im Gegenteil, es stünde zu erwarten, dass es zu beträchtlichen sozialen Spannungen käme, die den Zusammenhalt der Gesellschaft gefährden würden. Zu vermeiden sind diese nur durch Wirtschaftswachstum. Eine Politik der Selbstbescheidung reicht da nicht aus.

Ähnliches gilt für den Erhalt des Niveaus der Altersrenten. Hört eine Wirtschaft auf zu wachsen, so werden selbst bei unverändertem Altersaufbau auf Dauer die Renten nicht mehr erhöht werden können, genauso wenig wie die Löhne. Altert die Gesellschaft allerdings weiter, zum Beispiel durch steigende Lebenserwartung und niedrige Geburtenraten –, wird es unweigerlich zu Rentensenkungen kommen müssen, also zum Abbau eines erreichten Sozialstandards. Man kann dann vielleicht noch durch ein paar Maßnahmen der „Inklusion" zusätzliche Beitragszahler unter den Erwerbstätigen mobilisieren, etwa durch das Einbeziehen von Beamten und Selbstständigen in die gesetzliche Pflichtversicherung, wie es etwa Modelle der sogenannten Bürgerversicherung vorsehen, oder durch Einwanderung junger erwerbstätiger Menschen. Aber es handelt sich dabei bestenfalls um ruckartige Schübe der Entlastung, nicht um eine dauerhafte, strukturelle Verbesserung der Finanzierungslage.

Rentenausgaben steigen

Ausgaben der gesetzlichen Rentenversicherung in Deutschland von 1991 bis 2010 in Millionen Euro

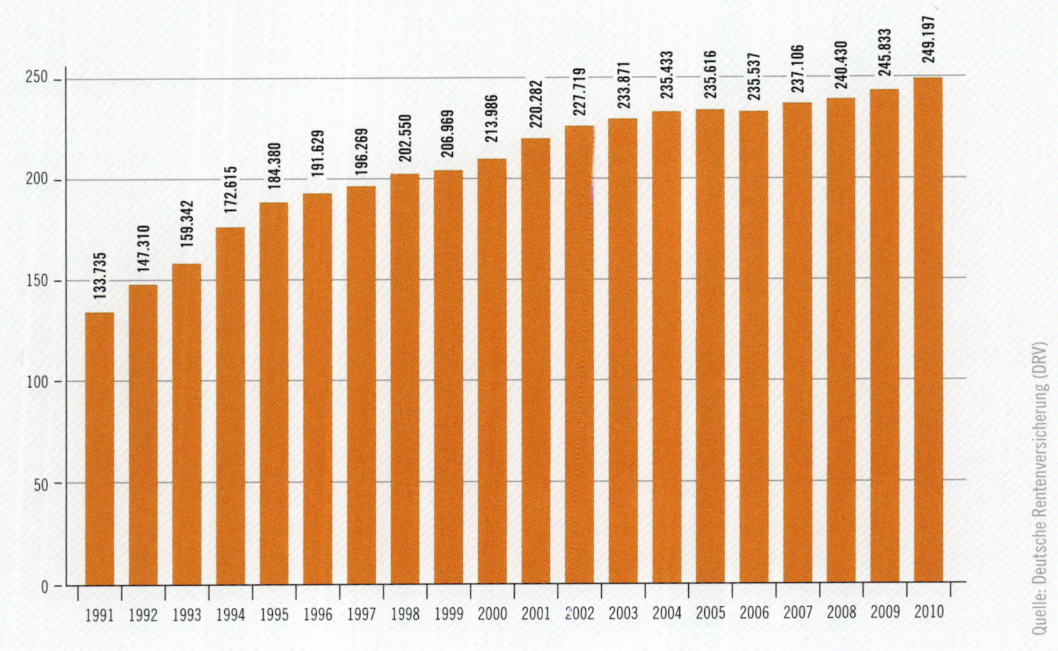

Abbildung 4

GRUND VI: WACHSTUM IST HILFREICH – ZUR SENKUNG DER SCHULDENLAST

Auch die Erfolgsaussichten des Kampfes gegen die Staatsverschuldung hängen maßgeblich von der Stärke des Wirtschaftswachstums ab. In Deutschland ist politisch die Rückkehr zu einer Welt geplant, in der – anders als von den 1970er-Jahren bis heute – die Lasten der Finanzierung öffentlicher Leistungen nicht von der heutigen auf die künftigen Generationen verschoben wurden. Dazu diente die Einführung der sog. Schuldenbremse in der Föderalismuskommission II, die für die Bundesländer in wenigen Jahren eine Nettoneuverschuldung von null und für den Bund von maximal 0,35 Prozent des Bruttoinlandsprodukts vorsieht. Danach könnte Deutschland bei künftig (fast) ausgeglichenem Gesamthaushalt von Bund, Ländern und Gemeinden die Schuldenquote, also die Relation von Staatsschuld zur Produktionsleistung, Schritt für Schritt senken. Man käme damit dem erklärten Ziel der (relativen) Entlastung künftiger Generation immer näher.

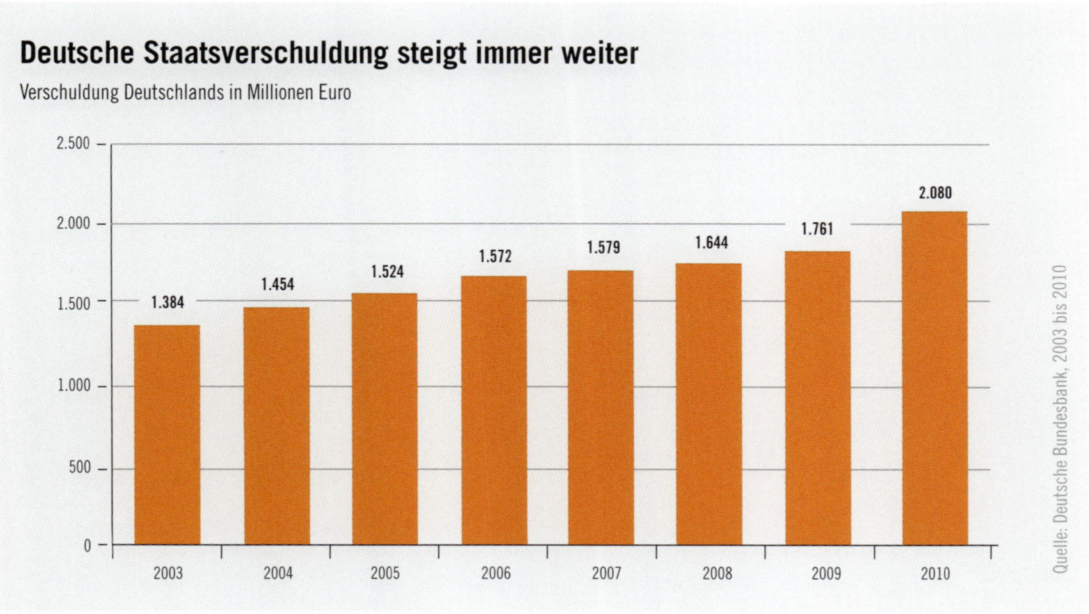

Abbildung 5

Dies ist ein wichtiges politisches und wirtschaftliches Ziel. Es ist allerdings eines, das umso langsamer erreicht wird, je gemächlicher auch das gesamtwirtschaftliche Wachstum ausfällt. Ein einfaches Gedankenspiel macht dies deutlich. Nehmen wir einmal optimistisch an, Deutschland – mit einer Schuldenquote von derzeit etwa 80 Prozent – würde ab heute einen ausgeglichenen öffentlichen Gesamthaushalt von Bund, Ländern und Gemeinden aufweisen, dann wäre eine Senkung der Schuldenquote um 50 Prozentpunkte auf ein (wünschenswertes) Niveau von 30 Prozent bei einem jährlichen (nominalen) Wirtschaftswachstum von vier Prozent nach 25 Jahren, von drei Prozent nach 33 Jahren und von zwei Prozent von 50 Jahren erreicht.[2] Im Extremfall der (nominalen) Stagnation würde es gar niemals erreicht – es sei denn, die öffentlichen Haushalte erwirtschafteten einen substanziellen Überschuss, was allerdings auch genauso bei Wachstum möglich ist. Zumindest finanzpolitisch macht es gerade der Verzicht auf Wachstum außerordentlich schwer, einen Zustand der nachhaltigen Stabilität der öffentlichen Finanzen auf absehbare Zeit zu erreichen.

Hinter diesen Zahlenspielen steht eine Art politische Gesetzmäßigkeit, die Wachstumskritiker gerne übersehen. Hat nämlich eine Gesellschaft eine Infrastruktur staatlicher Leistungen aufgebaut, so wird die Wirtschaftskraft eines Landes zum „Lastesel“, der diese Infrastruktur trägt. Dies gilt völlig unabhängig davon, ob diese Last über Steuern und Beiträge der heutigen Generation oder über Schulden der künftigen Generation zugemessen wird. Insofern ist der Verzicht auf Wachstum nicht nur ein Verzicht auf heutigen Konsum, den man noch als erträgliches Opfer hinnehmen könnte. Er ist auch eine Einschränkung der Chancen künftiger Generationen, die Lasten besser tragen zu können.

EIN GROSSES MISSVERSTÄNDNIS?

Fassen wir zusammen. Es gibt – alles in allem – doch gewichtige Argumente, im richtig verstandenen Wirtschaftswachstum nicht den Zerstörer moderner Zivilisation zu sehen, sondern eher ein ganz wesentliches Mittel, um zentrale Ziele der Gesellschaft gemeinsam zu erreichen. Das Spektrum reicht dabei von der Sicherung der Lebensqualität über den Kampf gegen Armut, Ressourcenverbrauch und Klimawandel bis hin zum Umgang mit der Alterung der Gesellschaft, dem Erhalt des Sozialstaats und der Senkung der Schuldenlast. Vielleicht sollte es tatsächlich in der aktuellen Debatte nicht darum gehen, für oder gegen Wachstum zu argumentieren, sondern vielmehr darum, welches Wachstum wir brauchen.

Glück ist mehr als materieller Wohlstand – es ist auch die Freiheit zu entscheiden, wie wir leben wollen

In jedem Fall sollte man dabei die Ansprüche an das Wachstum nicht zu hoch schrauben. Dafür liefert die moderne Glücksforschung einen besonders treffenden Hinweis. Sie hat nämlich gezeigt, dass zumindest ab einem bestimmten Pro-Kopf-Einkommen ein zusätzlicher Gewinn an materiellem Wohlstand kaum mehr etwas beiträgt zum Wohlbefinden oder Glücksgefühl der Menschen. Dieses Ergebnis ist umstritten, aber selbst wenn es die Welt richtig beschreiben sollte, stellt sich die Frage, was daraus folgt.

So definiert die amerikanische Verfassung das Recht des Einzelnen zur „pursuit of happiness", also zum Verfolgen des Glücks. Dieses Recht zu gewährleisten ist eine Aufgabe des Staates in einer freien Gesellschaft. Ob der Einzelne aber das Ziel auch erreicht, das kann der Staat eben nicht garantieren. Es ist seine politische Aufgabe, Chancen auf Wachstum und Wohlstand zu schaffen, und zwar unter Wahrung der Lebenschancen künftiger Generationen. Aber es kann nicht seine Aufgabe sein, das menschliche Glück zu erzwingen. Genau dies hat schon einmal ein Wirtschaftssystem versucht: die sozialistische Planwirtschaft. Sie ist kläglich daran gescheitert, und das ist erst wenige Jahre her.

LITERATUR

Aghion, Philippe; **Howitt,** Peter (2009): The Economic of Growth, Cambridge, MA.

Barro, Robert J.; **Sala-i-Martin,** Xavier (2004): Economic Growth, 2. Aufl., Cambridge, MA.

Friedman, Benjamin M. (2005): The Moral Consequences of Economic Growth, New York.

Helpman, Elhanan (2004): The Mystery of Economic Growth, Cambridge, MA.

Miegel, Meinhard (2010): Exit: Wohlstand ohne Wachstum, Berlin.

OECD (2006): Live Longer, Work Longer, Paris.

OECD (2008): Growing Unequal? Income Distribution and Poverty in OECD countries, Paris.

Paqué, Karl-Heinz (2010): Wachstum! Die Zukunft des globalen Kapitalismus, Carl Hanser Verlag, München.

Paqué, Karl-Heinz (2011): Das Ende einer Illusion, Frankfurter Allgemeine Zeitung, 1. April 2011.

Ridley, Matt (2010): The Rational Optimist. How Prosperity Evolves, London.

[1] Eine umfassende Auseinandersetzung mit der aktuellen Kritik am Wirtschaftswachstum liefert Paqué (2010). [2] Es geht dabei rein rechnerisch um nominales, nicht reales Wachstum, da die Staatsschuld auch in nominalen Währungseinheiten denominiert ist. Bei einer Inflationsrate im Trend von etwa zwei Prozent pro Jahr entspricht deshalb ein nominales Wachstum um zwei Prozent einer realen Stagnation. Der im Text abgesteckte Wertebereich bedeutet dann ein reales Wachstum zwischen null und zwei Prozent, ist also im Niveau moderat und in der Variation recht bescheiden.

3. Lebensqualität – Wie lässt sich Wohlstand messen?

Prof. Dr. Christoph M. Schmidt, Nils aus dem Moore

VITEN

Prof. Dr. Christoph M. Schmidt, geb. 1962, studierte Volkswirtschaftslehre an der Universität Mannheim und machte 1987 seinen Abschluss als Diplom-Volkswirt. Er wurde an der Princeton University promoviert (MA 1989, Ph.D. 1991) und habilitierte sich 1995 an der Universität München.

Von 1995 bis 2002 war Schmidt Ordinarius für Ökonometrie an der Universität Heidelberg. Während seiner Ausbildung wurde er durch eine Princeton University Fellowship (1987–1990), die Alfred P. Sloan Doctoral Dissertation Fellowship (1990–1991) und ein Habilitandenstipendium der Deutschen Forschungsgemeinschaft DFG (1992–1995) ausgezeichnet. Seit 1992 war er zunächst Research Affiliate, seit 1996 Research Fellow des Centre for Economic Policy Research (CEPR) in London, seit 1998 ist er ein Research Fellow des IZA in Bonn. Seit 2002 ist er Präsident des Rheinisch-Westfälischen Instituts für Wirtschaftsforschung (RWI) und Professor an der Ruhr-Universität Bochum. Zum März 2009 wurde Christoph M. Schmidt in den Sachverständigenrat zur Begutachtung der gesamtwirtschaftlichen Entwicklung berufen. Seit 2011 ist er Mitglied der Enquete-Kommission „Wachstum, Wohlstand, Lebensqualität" des Deutschen Bundestags.

Schmidt war Mitherausgeber des Journal of Population Economics und hat in renommierten Fachzeitschriften wie dem Review of Economics and Statistics und dem Journal of Public Economics publiziert.

Nils aus dem Moore, geb. 1977 in Bielefeld, absolvierte von 1998 bis 2006 ein Doppelstudium der Journalistik und der Volkswirtschaftslehre an der Technischen Universität Dortmund, der Haute Ecole Galilée in Brüssel und der Freien Universität Berlin. Von 2000 bis 2001 absolvierte er ein Redaktionsvolontariat bei der Tageszeitung „Die Welt" in Berlin. Während seiner akademischen Ausbildung wurde er durch ein Stipendium der Studienstiftung des deutschen Volkes gefördert.

Nach dem Studium leitete er das Wirtschaftsressort von „Cicero, Magazin für politische Kultur" in Berlin. Seit 2007 ist er wissenschaftlicher Mitarbeiter im Bereich Öffentliche Finanzen beim Rheinisch-Westfälischen Institut für Wirtschaftsforschung (RWI), wo er seit 2011 die Stabsabteilung Politik und Kommunikation im Berliner Büro des RWI leitet.

Er publiziert regelmäßig Gastbeiträge für „Cicero" und „taz. die tageszeitung". 2011 wurde er mit dem Ludwig-Erhard-Förderpreis für Wirtschaftspublizistik ausgezeichnet.

INHALT

3. Lebensqualität – Wie lässt sich Wohlstand messen?

Christoph M. Schmidt, Nils aus dem Moore

EINLEITUNG

Die Welt ist auf der Suche nach Orientierung. Finanz-, Wirtschafts- und Staatsschuldenkrisen sowie die im globalen Maßstab unvermindert fortschreitende Belastung ökologischer Lebensgrundlagen führen Politiker, Experten und immer größere Teile der Bevölkerung zu der Erkenntnis, dass ein simples „Weiter so“ keine verantwortbare Option darstellt und daher eine Kurskorrektur notwendig ist. Über Umfang und genaue Richtung des Kurswechsels besteht naturgemäß keine Einigkeit. Doch eine Lektion ist zunehmend unumstritten: Es wird ein Kompass gebraucht, der Politik, Wirtschaft und Gesellschaft eine verlässliche Orientierung geben kann. Denn der bisher außerhalb der Wirtschaftswissenschaft weitverbreitete Glaube, dass das Bruttoinlandsprodukt (BIP) jenseits seiner angestammten und für die Wirtschaftspolitik fraglos zentralen Rolle als Maß für die jährliche Produktionsleistung einer Volkswirtschaft auch einen hinreichend guten Indikator für die Entwicklung ihres Wohlstandes und ihrer Lebensqualität darstellt, ist nachhaltig erschüttert.

Enquete-Kommission „Wachstum, Wohlstand und Lebensqualität“

Der Deutsche Bundestag hat die Enquete-Kommission „Wachstum, Wohlstand, Lebensqualität – Wege zu nachhaltigem Wirtschaften und gesellschaftlichem Fortschritt in der Sozialen Marktwirtschaft“ im Einsetzungsbeschluss daher unter anderem damit beauftragt, einen Vorschlag zur ganzheitlichen Wohlstandsmessung zu entwickeln, der künftig als „Grundlage zur Bewertung politischer Entscheidungen anhand ökonomischer, ökologischer und sozialer Kriterien“ dienen kann. Dabei sollen neben dem materiellen Lebensstandard insbesondere auch nicht materielle Einflussfaktoren von Lebensqualität sowie die Notwendigkeit einer intakten Umwelt und die begrenzte Verfügbarkeit natürlicher Ressourcen berücksichtigt werden. Diese Initiative ist nur ein Beispiel für eine Reihe ähnlich ambitionierter Vorhaben weltweit.

Zur Beantwortung der Frage, wie Wohlstand sinnvoll gemessen werden kann, gehen wir in den folgenden Abschnitten auf die Entwicklung der Diskussion um Wohlstandsmaße „jenseits des BIP“ ein (I.), stellen eine Systematik alternativer Wohlfahrtsmaße vor (II.) und geben einen Überblick ausgewählter Initiativen zur Wohlstandsmesssung auf internationaler (III.) und nationaler Ebene (IV.).

WOHLSTANDSMESSUNG JENSEITS DES BIP

Die Erkenntnis, dass das BIP den Wohlstand einer Gesellschaft nur näherungsweise und unvollständig abzubilden vermag, ist keinesfalls neu und gerade den mit den Details seiner Berechnung vertrauten Ökonomen wohlbekannt. Allerdings haben sie der missbräuchlichen Verwendung des BIP als Wohlstandsmaß in der öffentlichen und politischen Diskussion offenbar nicht hinreichend widersprochen. Dass das BIP sich nur eingeschränkt als Wohlfahrtsmaß eignet, liegt vor allem darin begründet, dass I) im ökonomischen Bereich Tätigkeiten im Haushalt und ehrenamtlichen Engagement sowie öffentliche Leistungen, etwa in den Bereichen Bildung, Gesundheit und Sicherheit, nur unzureichend erfasst werden; II) im sozialen Bereich die Verteilung von Einkommen und Vermögen nicht abgebildet wird sowie Zugangs- und Chancenungleichheiten unberücksichtigt bleiben; III) im ökologischen Bereich die Umweltbelastungen und -schäden sowie Ressourcenverbräuche nicht erfasst werden und IV) schließlich der für einen umfassend verstandenen Wohlstand fraglos wichtige politisch-institutionelle Bereich eines Landes mit Blick auf Demokratie und Beteiligung, Steuerungsfähigkeit, Transparenz und Rechtsstaatlichkeit naturgemäß nicht abgebildet wird.

Bereits im Kontext der ersten Wachstumskontroverse in den 1970er-Jahren, angestoßen durch die 1972 erfolgte Veröffentlichung „Die Grenzen des Wachstums" des Club of Rome, entstanden erste alternative beziehungsweise erweiterte Indikatoren wie der von William Nordhaus und James Tobin ebenfalls 1972 vorgestellte Maßstab ökonomischer Wohlfahrt (Measure of Economic Welfare, MEW). Allerdings kamen Nordhaus und Tobin damals für die USA zu dem Ergebnis, dass sich das BIP und das von ihnen berechnete MEW tendenziell parallel entwickeln. Tatsächlich dürfte während der zweiten Hälfte des 20. Jahrhunderts der Gleichklang im Aufwärtstrend von materieller und immaterieller Wohlstandsmehrung in den meisten Industrieländern des Westens sehr umfassend gewesen sein. Parallel zu Einkommen und Konsummöglichkeiten stiegen bei großer Beschäftigungssicherheit auch Freizeit, Bildung, persönliche und politische Freiheiten sowie Gesundheitszustand und Lebenserwartung (vgl. Wahl et al. 2010, S. 9). Vor diesem Hintergrund überrascht es nicht, dass sich das BIP in der öffentlichen Wahrnehmung zum Leitindikator für den Wohlstand von Gesellschaften entwickelt hat.

Dass alternative Wohlfahrtsmaße aus ihrer Nischenexistenz jetzt zunehmend ins öffentliche Bewusstsein rücken, dürfte im Wesentlichen zwei Gründe haben: Einerseits hat sich die Politik auf konzeptioneller Ebene von der reinen Wachstumsorientierung verabschiedet, stattdessen ist das Paradigma der Nachhaltigkeit zum neuen Leitbild geworden. Andererseits verdichten sich zumindest für einige Länder die empirischen Hinweise darauf, dass die Entwicklung des BIP und die Entwicklung des materiellen wie immateriellen Wohlstands größerer Bevölkerungsteile nicht mehr im Gleichschritt verlaufen.

Die Brundlandt-Kommission definierte 1987 eine Entwicklung dann als „nachhaltig", wenn sie „die Bedürfnisse der Gegenwart befriedigt, ohne zu riskieren, dass zukünftige Generationen ihre eigenen Bedürfnisse nicht befriedigen können." Während diese Definition vor allem den intertemporalen Charakter und den Anspruch der Gerechtigkeit zwischen heutigen und künftigen Generationen in den Vordergrund rückt, so hat sich in der politischen Implementierung inzwischen ein interdisziplinäres Konzept durchgesetzt, das als „Drei-Säulen-Modell der Nachhaltigkeit" bekannt geworden ist. Sein pragmatisches Grundprinzip besteht darin, dass bei politischen Maßnahmen die Wechselwirkungen zwischen und die Belastungsgrenzen von Wirtschaft, Gesellschaft und Umwelt sowohl in nationaler als auch in globaler Perspektive berücksichtigt werden müssen. So heißt es beispielsweise im Fortschrittsbericht der Bundesregierung zur nationalen Nachhaltigkeitsstrategie: „Umweltschutz, wirtschaftliche Leistungsfähigkeit und soziale Verantwortung sind so zusammenzuführen, dass Entscheidungen unter allen drei Gesichtspunkten dauerhaft tragfähig sind – in globaler Betrachtung. Die Erhaltung der Tragfähigkeit der Erde bildet die absolute äußere Grenze; in diesem Rahmen ist die Verwirklichung der verschiedenen politischen Ziele zu optimieren." (Bundesregierung 2008, S. 21) Naturgemäß braucht es ein breit angelegtes statistisches Instrumentarium „jenseits des BIP", um die Wirksamkeit einer auf so verstandene Nachhaltigkeit abzielenden Politik messbar und Erfolge wie Misserfolge sichtbar zu machen. Aus diesem Grund wurden auf politischer Ebene insgesamt 35 Indikatoren zu 21 Themenbereichen ausgewählt, die vom Statistischen Bundesamt in regelmäßigen Abständen erhoben und als Indikatorenbericht „Nachhaltige Entwicklung in Deutschland" veröffentlicht werden (Statistisches Bundesamt 2012).

BIP fördert Lebenszufriedenheit

Korrelationen des BIP mit HDI und Lebenszufriedenheit

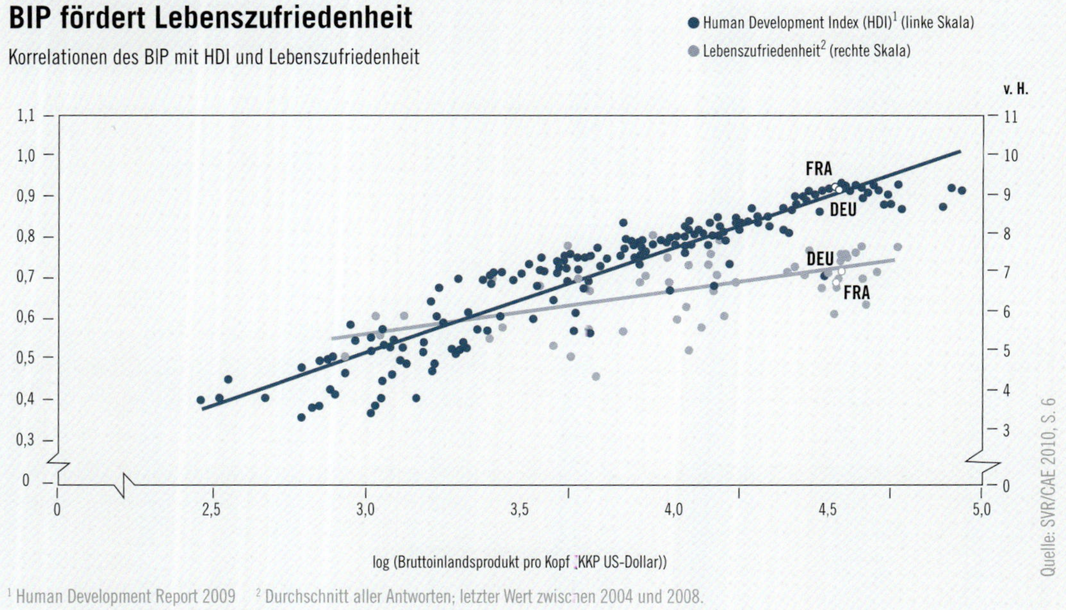

¹ Human Development Report 2009 ² Durchschnitt aller Antworten; letzter Wert zwischen 2004 und 2008.

Abbildung 1

Der zweite Grund für die zunehmende Relevanz alternativer Wohlfahrtsmaße liegt in der zunehmenden Zahl empirischer Hinweise darauf, dass der für die zweite Hälfte des 20. Jahrhunderts konstatierte Gleichklang zwischen materieller und immaterieller Wohlstandsmehrung in der jüngeren Vergangenheit in einigen Ländern brüchig geworden ist. Als wohlstandsmindernde Phänomene werden beispielsweise steigende Arbeitsbelastung bei sinkender Arbeitsplatzsicherheit, zerbrechende Familienstrukturen und eine zunehmende Armutsquote sowie die Ausbreitung von psychischen Störungen und Zivilisationskrankheiten identifiziert (vgl. Wahl et al. 2010, S. 9).

Dass allerdings nach wie vor ein großer Zusammenhang zwischen BIP und Wohlstand besteht, illustriert im Ländervergleich Abbildung 1. Der Zusammenhang zwischen dem BIP und dem Human Development Index (HDI) ist dabei naturgemäß größer als jener zwischen dem BIP und der in Befragungen ermittelten subjektiven Lebenszufriedenheit, denn in die Berechnung des HDI geht das BIP unmittelbar ein, neben Indikatoren für Bildung und Gesundheit.

Innerhalb einzelner Länder ist der Zusammenhang über die Zeit weniger eindeutig, wie Abbildung 2 für Deutschland und Frankreich zeigt. Mithilfe ökono-

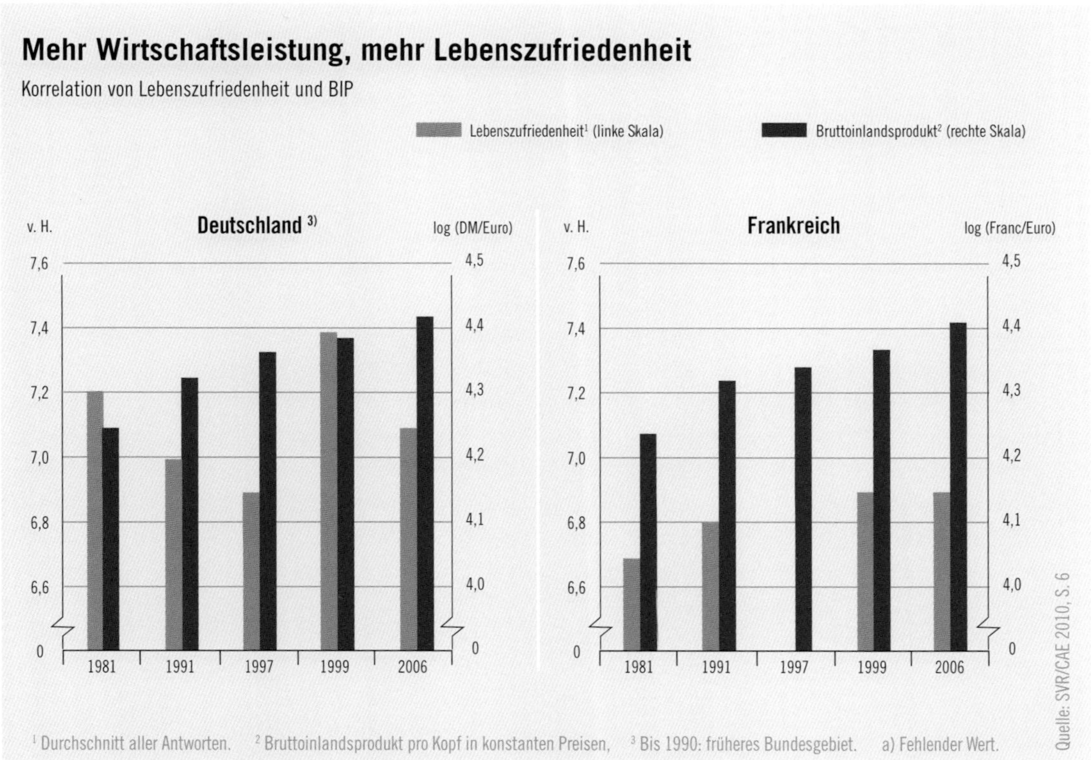

Abbildung 2

metrischer Verfahren lässt sich jedoch für Deutschland zeigen, dass die Korrelation zwischen BIP und Lebenszufriedenheit hoch, wenngleich nicht perfekt ist (Schmidt; Kassenböhmer 2010).

Umweltindikatoren werden zukünftig die Wohlstandsmessung ergänzen

Die Konsequenz liegt auf der Hand: Das BIP alleine reicht nicht aus, um den nachhaltigen Wohlstand der Nationen angemessen zu beurteilen. Gemäß einer „Euro-Barometer"-Umfrage im Jahr 2008 waren zwei Drittel der EU-Bürger der Meinung, dass Sozial-, Umwelt- und Wirtschaftsindikatoren gleichwertig genutzt werden sollten (Europäische Kommission 2009). Seit dem Jahr 2007 führt die OECD gemeinsam mit anderen internationalen Organisationen wie der Europäischen Kommission, den Vereinten Nationen und der Weltbank das globale Projekt „Measuring the Progress of Societies" durch, um – so die gemeinsame „Istanbul-Deklaration" im Juni 2007 – eine umfassendere Messung und Förderung des Wohlstands in sämtlichen Dimensionen voranzutreiben und geeignete Indikatorensysteme zur Beurteilung ökonomischer, sozialer und ökologischer Entwicklungen zu erarbeiten (OECD 2007). Als Konsequenz der Konferenz „Beyond GDP" im November 2007 verkündete die Europäische Kommission eine Reihe von Maßnahmen zur Umsetzung dieser Agenda, unter anderem die Entwicklung eines umfassenden Umweltindex („Environmental Pressure Index") sowie die verbesserte Erhebung und die intensivere Nutzung von Sozialindikatoren (Europäische Kommission 2009).

Der Durchbruch des Themas in der öffentlichen Wahrnehmung erfolgte jedoch erst durch die vom französischen Präsidenten Sarkozy im Jahr 2008 eingesetzte Expertenkommission zur Wohlstandsmessung unter dem Führungstrio Joseph Stiglitz, Amartya Sen und Jean-Paul Fitoussi. Trotz des sperrigen Themas fand der im September 2009 veröffentlichte Abschlussbericht eine überraschend große Resonanz in Politik, Wissenschaft und Medien. Der Bericht sprach sich für die Entwicklung eines aussagekräftigen Indikatorensystems in den drei Dimensionen Wirtschaftsleistung, Lebensqualität und Nachhaltigkeit aus und gab zwölf Empfehlungen zu seiner Ausgestaltung (vgl. Stiglitz et al. 2009, Braakmann 2010). Diese lassen sich im Kern darauf reduzieren, dass (1.) die Qualität der klassischen ökonomischen Indikatoren verbessert, (2.) die Lebensqualität durch einen breiten, multidimensionalen Messansatz erfasst und (3.) die Perspektive der Nachhaltigkeit integriert werden sollten (vgl. Kroll 2011, S. 3).

Im Auftrag des deutsch-französischen Ministerrats vollzog der Sachverständigenrat zur Begutachtung der gesamtwirtschaftlichen Entwicklung (SVR) gemeinsam mit seinem französischem Pendant, dem Conseil d'analyse économique (CAE), anschließend den nächsten Schritt und unterbreitete im Dezember 2010 einen konkreten Vorschlag für ein umfassendes Indikatorensystem zur Messung von Wirtschaftsleistung, Lebensqualität und Nachhaltigkeit (SVR/CAE 2010).

EINE SYSTEMATIK ALTERNATIVER WOHLFAHRTSMAßE

Inzwischen existiert eine Vielzahl von alternativen Wohlfahrtsmaßen. Wie Abbildung 3 zeigt, kann dabei aus methodischer Sicht vor allem zwischen aggregierten Wohlfahrtsindizes und nicht aggregierten Indikatorensystemen unterschieden werden, wobei sich die Gruppe der aggregierten Wohlfahrtsmaße aus in Geldeinheiten bewerteten Indizes („BIP-Revisionen") und dimensionslosen Indizes („Verbundindikatoren") zusammensetzt. Bei den dimensionslosen Indizes, die aufgrund ihrer Konstruktion auch als Verbund- oder Mehrkomponentenindikatoren bezeichnet werden, kann in Abhängigkeit von den in ihre Berechnung eingehenden Basisvariablen wiederum zwischen objektiven, gemischten und subjektiven Indizes unterschieden werden (vgl. van Suntum; Lerbs 2011, S. 41).

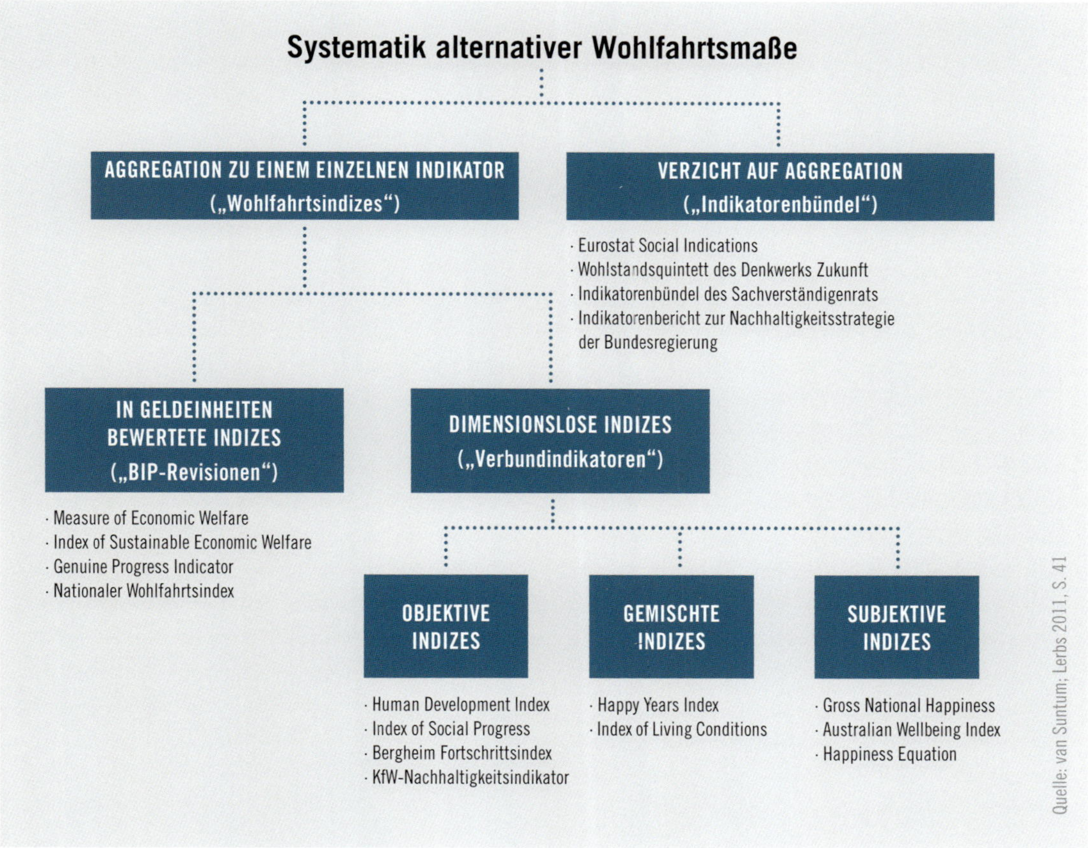

Abbildung 3

Die auf den drei Ebenen von Abbildung 3 enthaltenen Weggabelungen zeigen, an welchen Fragen sich die größten Kontroversen in der Diskussion um alternative Wohlfahrtsmaße entzünden. Abstrahiert man von der in jedem Fall notwendigen Auswahl der zu berücksichtigenden Basisvariablen und Indikatoren, die als das Reservoir für das letztlich gewählte Berichtstableau dienen, dann dreht sich die Debatte vor allem um die Frage der Aggregation. So ist die zentrale Frage auf der ersten Ebene, ob die Wohlfahrtsmessung bis in eine einzige Zahl, einen Wohlfahrtsindex, aggregiert werden sollte, oder ob auf diese Aggregation verzichtet und stattdessen ein Bündel nebeneinander gestellter Einzelindikatoren entwickelt werden sollte.

Die ihnen innewohnende maximale Komplexitätsreduktion lässt aggregierte Indizes auf den ersten Blick als sehr attraktiv erscheinen, weil sie vermeintlich gut verständlich und kommunizierbar sind und ihren Nutzern beispielsweise den Ländervergleich in Rangfolgen ermöglichen. Allerdings ist jedes Aggregationsverfahren zwingend mit einer Gewichtung der einzelnen Komponenten verbunden und aus wissenschaftlicher Sicht lässt sich so gut wie nie bestimmen, was die „richtigen" Gewichte sind. Aggregierte Wohlfahrtsindizes sind daher entgegen dem ersten Anschein nicht objektiv und können als Konsequenz auch nicht robust sein. So hängt die genaue Rangfolge in Länderrankings mitunter extrem von den bei der Aggregation verwendeten Gewichten ab. Spiegelbildlich dazu sind insbesondere große Indikatorenbündel mit einer Vielzahl einzelner Variablen schnell unübersichtlich, daher auch schwerer verständlich und schlechter kommunizierbar. Auf der anderen Seite sind nicht aggregierte Indikatorenbündel objektiv, beliebig detailliert und robust.

Innerhalb der Gruppe der aggregierten Indizes stellt sich auf der zweiten Ebene die Frage, ob die Aggregation unter Verwendung impliziter Geldwerte (Monetarisierung) oder mithilfe statistischer Verfahren der Normierung (meistens der Umrechnung in prozentuale Veränderungen) erfolgen soll. Bei der Monetarisierung spielen vor allem Bewertungsprobleme eine große Rolle. Verfahren der statistischen Normierung hingegen ermöglichen zwar die ungehemmte Berücksichtigung aller möglichen Informationen – aber das resultierende Gesamtergebnis ist unter Umständen kaum mehr interpretierbar. Denn jede Veränderung des Gesamtindex ist zunächst gleich zu bewerten, für ein differenziertes Urteil über Ursachen und mögliche Lösungen führt daher kein Weg am Blick auf die konkreten Werte der zugrunde liegenden Einzelindikatoren vorbei. Spätestens an dieser Stelle stehen zumindest die aus einer Vielzahl einzelner Komponenten berechneten Verbundindikatoren auch vor den Problemen der Übersichtlichkeit, Verständlichkeit und Kommunizierbarkeit.

Abhängig davon, welche Art von Einzelindikatoren berücksichtigt werden, können in einer dritten Ebene objektive, subjektive und gemischte Verbundindikatoren unterschieden werden. Diese Unterschiede sind vor allem für die Messung der Lebensqualität von Bedeutung: Diese kann entweder „bottom-up" anhand objektiv messbarer Informationen etwa über den Gesundheitszustand, den Bildungsstand oder die Umweltbelastung ermittelt oder „top-down" in Umfragen zur subjektiven Einschätzung der aktuellen Lebensqualität erhoben werden. Werden objektive mit subjektiven Informationen verknüpft, dann resultiert ein gemischter Index. So berechnet beispielsweise die britische New Economics Foundation ihren gemischten Index „Happy Life Years" (HLY) als Produkt von objektiver Lebenserwartung und einem Maß auf Basis der subjektiv erhobenen Lebenszufriedenheit. Wird der HLY-Index in einem weiteren Schritt dann noch durch den ökologischen Fußabdruck dividiert, so resultiert der "Happy Planet Index" (HPI). Er soll Auskunft darüber geben, mit welcher ökologischen Effizienz die Wohlfahrt der Bevölkerung in verschiedenen Ländern erreicht wird (Schepelmann et al. 2010, S. 35 ff.).

INTERNATIONALE INITIATIVEN UND KONKRETE ANSÄTZE

Die Entwicklung einer breiteren statistischen Basis zur Wohlstandsberichterstattung wird international vor allem von der OECD und innerhalb Europas von der Europäischen Kommission vorangetrieben. Die OECD kann dabei auf ihre umfangreichen Statistiken zu verschiedensten Themen zurückgreifen, die seit 2001 gebündelt in der Reihe „Gesellschaft auf einen Blick" veröffentlicht werden. Das alle zwei Jahre erscheinende Kompendium mit einer Vielzahl von Sozialindikatoren wurde im Jahr 2009 erstmals mit einem Bündel von neun Leitindikatoren zu den fünf Dimensionen „Materieller Wohlstand", „Wirtschaftliche Unabhängigkeit", „Soziale Gerechtigkeit", „Gesundheit" und „Sozialer Zusammenhalt" veröffentlicht, um einen komprimierten Vergleich der Wohlfahrt in den OECD-Mitgliedsländern zu ermöglichen (OECD 2009). In der aktuellen Ausgabe des Jahres 2011 wurden die Dimensionen beibehalten, die Anzahl der in der Überblickstabelle berücksichtigten Sozialindikatoren jedoch auf 17 erhöht. Die Situation in den einzelnen Ländern wird dabei in der Farblogik einer Ampel durch grüne Kreise (Spitzengruppe der OECD-Länder), gelbe Dreiecke (Mittelfeld) oder rote Rauten (Schlussgruppe) sichtbar gemacht, eine zusammenfassende Wohlstandsmessung und die Veröffentlichung darauf basierender Rangfolgen erfolgt jedoch nicht (OECD 2011).

Einen der OECD vergleichbaren Ansatz verfolgt die Europäische Kommission. Aus mehr als 130 Einzelindikatoren, die Eurostat alle zwei Jahre in dem Report „Indikatoren für nachhaltige Entwicklung" veröffentlicht, wurden insgesamt elf Leitindikatoren für die zehn Themenbereiche eines repräsentativen Indikatorenbündels ausgewählt. Wie Abbildung 4 zeigt, wird die Entwicklung dieser Leitindikatoren in Bezug auf die in der Europäischen Nachhaltigkeitsstrategie festgelegten Ziele anhand meteorologischer Symbole veranschaulicht, wobei wolkenloser Sonnenschein für deutlich positive Veränderungen in Richtung der definierten Zielwerte steht und am anderen Ende des Spektrums eine Gewitterwolke mit Blitz auf eindeutig negative Entwicklungen hinweist (Eurostat 2011a, Eurostat 2011b).

Großbritanniens Premierminister David Cameron erklärt in seiner Rede die Steigerung des Lebensglücks zum Ziel seiner Politik

Für jeden dieser zehn Themenbereiche gibt es außer dem Leitindikator noch nachgelagerte Indikatoren auf zwei weiteren Ebenen. Entsprechend erfolgt im Monitoringbericht nach dem Überblick auf der Ebene der Leitindikatoren die schrittweise Vertiefung bis auf die Ebene der Entwicklung der einzelnen Variablen. Im Gegensatz zu den stark auf die materiellen und immateriellen Determinanten des Wohlstands und der Lebensqualität ausgerichteten Indikatorensysteme der OECD ist das Indikatorenbündel der EU stark auf die Dimension der ökologischen Nachhaltigkeit ausgerichtet. Nicht berücksichtigt

Eurostat-Leitindikatoren zur Nachhaltigkeit

Thema	Leitindikator	Evaluation
Sozioökonomische Entwicklung	Reales BIP pro Einwohner	☀☁
Nachhaltiger Konsum und Produktion	Ressourcenproduktivität	☁
Soziale Inklusion	Armuts- oder Exklusionsrisiko (von 2008)	☀
Demografischer Wandel	Beschäftigungsquote älterer Erwerbspersonen	☁
Gesundheitszustand der Bevölkerung	Lebenserwartung und gesunde Lebensjahre (von 2002)	☀☁
Klimawandel und Energie	Treibhausgasemissionen	☀
	Verbrauch von erneuerbaren Energien (von 2006)	☀
Nachhaltiger Transport	Energieverbrauch beim Transport im Verhältnis zum BIP	☁
Natürliche Ressourcen	Rückgang heimischer Vogelarten (spezielles EU-Aggregat)	☀☁
	Erhalt der Fischbestände	☁
Weltweite Verbindungen	Offizielle Entwicklungshilfe	☁
Gute Regierung	*(Kein Leitindikator)*	:

☀ deutlich positive Veränderung/ auf dem Zielkurs

☀☁ keine oder leicht positive Veränderung/ dem Zielkurs sehr nahe

☁ leicht ungünstige Veränderungen/ weit entfernt vom Zielkurs

⛈ deutlich negative Veränderung/ Entfernung vom Zielkurs

: unvollständige Angaben/ EU Gesamtbetrag nicht verfügbar

Quelle: Eurostat 2011a, S. 1

Abbildung 4

werden hingegen die Aspekte Verteilung und soziale Ungleichheit sowie, wie auch bei der OECD, ökonomische Nachhaltigkeit. Parallel zu den Aktivitäten internationaler Organisationen haben einzelne Länder und Nichtregierungsorganisationen umfangreiche Initiativen zur Wohlstandsmessung jenseits des BIP gestartet. Pioniere sind dabei insbesondere Australien und Kanada. In beiden Ländern wurde über Jahre hinweg und unter intensiver Beteiligung der Bürger ein stark auf die wahrgenommene Lebensqualität und ihre wesentlichen Determinanten ausgerichtetes Berichtssystem entwickelt (ABS 2010, CIW 2011). Gegenwärtig erfahren zudem die Aktivitäten in Großbritannien viel Aufmerksamkeit, weil die neue konservative Regierung von David Cameron die Erfassung und Steigerung des Lebensglücks („Happiness") der Bevölkerung explizit zu einem Ziel ihrer Politik erklärt und einen entsprechenden Entwicklungsprozess im Bereich der Sozialstatistik angestoßen hat. Auch in den USA hat die Obama-Administration ein umfangreiches Indikatorenprojekt auf den Weg gebracht (Kroll 2011).

VORSCHLÄGE ZUR WOHLSTANDSMESSUNG IN DEUTSCHLAND

In Deutschland hat sich in den vergangenen Jahren eine Reihe von sehr unterschiedlichen Ansätzen der alternativen Wohlstandsmessung entwickelt. Im Fokus der öffentlichen Aufmerksamkeit stehen im Bereich der Verbundindikatoren vor allem der Nationale Wohlfahrtsindex und der Fortschrittsindex sowie im Bereich der Indikatorenbündel das Wohlstandsquintett und das von den Sachverständigenräten aus Frankreich und Deutschland vorgeschlagene Indikatorensystem.

Der Nationale Wohlfahrtsindex (NWI) wurde von Hans Diefenbacher und Roland Zieschank im Auftrag des Bundesumweltamtes entwickelt. Konzeptionell gehört der NWI in die Indikatorenklasse der BIP-Revisionen. Als Ausgangspunkt bei der Berechnung dient der mit dem Gini-Index der Einkommensverteilung gewichtete private Verbrauch. Zu dieser Basis werden dann in der Grundform des NWI insgesamt 19 weitere Variablen addiert bzw. von ihr subtrahiert, je nachdem, ob sie für positive oder negative Wohlstandsbeiträge stehen (Diefenbacher; Zieschank 2009). Abbildung 5 zeigt die Komponenten des NWI, ihre Verknüpfung durch Addition oder Subtraktion sowie die jeweiligen Werte für das Jahr 2007.

Der Nationale Wohlfahrtsindex

NWI-Komponenten und ihre Werte im Jahr 2007

	Variable	Ausprägung	Wert 2007 (Mrd. Euro)
1	Gini-Index der Verteilung des Haushaltsnettoeinkommens		
2	Verteilungsgewichtete private Konsumausgaben	+	1.072,19
3	Wert der Hausarbeit	+	713,0
4	Wert der ehrenamtlichen Arbeit	+	59,0
5	Öffentliche Ausgaben für Gesundheits- und Bildungswesen	+/-	79,0
6	Nutzen/Kosten dauerhafter Konsumgüter	-	24,77
7	Kosten des Pendelns zwischen Wohnung und Arbeitsstätte	-	35,0
8	Kosten von Verkehrsunfällen	-	25,0
9	Kosten von Kriminalität	-	8,5
10	Kosten des Alkohol- und Drogenmissbrauchs	-	20,5
11	Ausgaben zur Kompensation von Umweltbelastungen	-	33,0
12	Schäden durch Wasserverschmutzung	-	12,1
13	Schäden durch Bodenbelastung	-	2,0
14	Schäden durch Luftverschmutzung	-	15,0
15	Schäden durch Lärm	-	4,0
16	Veränderung der Fläche von Feuchtgebieten	+/-	0
17	Schäden durch Verlust landwirtschaftlich nutzbarer Fläche	-	0,43
18	Ersatzkosten der Ausbeutung nicht erneuerbarer Ressourcen	-	290,0
19	Schäden durch CO_2-Emmissionen	-	70,0
20	Nettowertänderung des Anlagevermögens (ohne Bauten)	+/-	20,0
21	Veränderung der Kapitalbilanz	+/-	150,0

Quelle: van Suntum; Lerbs 2011, S. 69

Abbildung 5

Betrachtet man ausgehend von der Basis der privaten Konsumausgaben den relativen Einfluss der verschiedenen Variablen anhand der in Abbildung 5 aufgeführten Werte für das Jahr 2007, so werden Hausarbeit, ehrenamtliche Arbeit und öffentliche Ausgaben für Gesundheit und Bildung als maßgebliche positive Komponenten erkennbar, während bei den negativ bewerteten Komponenten vor allem die Ersatzkosten für die nicht erneuerbaren Ressourcen und die Schäden durch CO_2-Emissionen ins Gewicht fallen. Abbildung 6 zeigt den Verlauf eines modifizierten NWI, der die sehr volatilen ökonomischen Variablen 20 und 21 nicht enthält und insofern die Bedeutung der ökologischen und sozialen Variablen betont, im Vergleich zum deutschen Bruttonationaleinkommen (BNE) für die Jahre von 1990 bis 2007, indiziert auf das Jahr 2000 (vgl. Diefenbacher; Zieschank 2009, S. 110). Während das BNE in der Tendenz kontinuierlich steigt, erreicht der modifizierte NWI im Jahr 2001 seinen höchsten Wert und fällt danach wieder ab. Die in dieser Richtungsänderung zum Ausdruck kommende Diskrepanz in der Entwicklung von BNE und NWI erklärt sich aus der Verschlechterung der ökologischen Komponenten, wie eine Analyse der zugrunde liegenden Variablen zeigt (vgl. Diefenbacher; Zieschank 2009, S. 112 ff.).

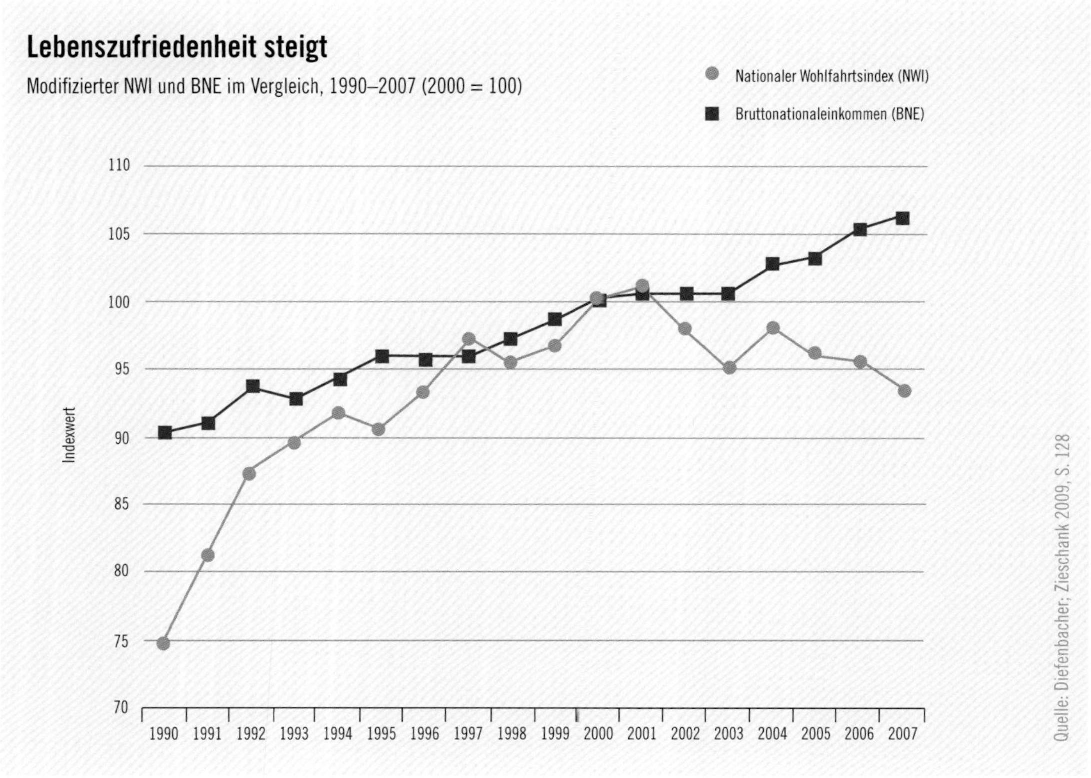

Abbildung 6

Der Fortschrittsindex – Deutschland kommt voran

Deutschland im Vergleich, Fortschritt 1999 bis 2009

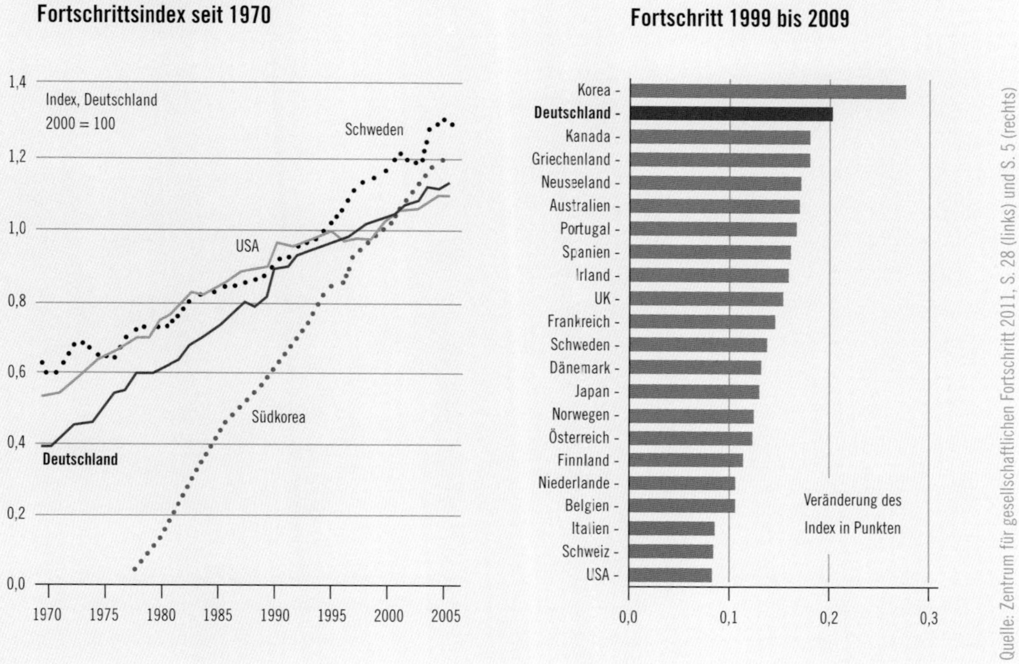

Abbildung 7

Der Fortschrittsindex des von Stefan Bergheim gegründeten Zentrums für gesellschaftlichen Fortschritt in Frankfurt ist ein dimensionsloser Verbundindex. Er verdichtet Leitindikatoren zu materiellem Wohlstand (Nettonationaleinkommen pro Kopf), Gesundheit (Lebenserwartung bei der Geburt), Bildung (Anzahl der Jahre, die Menschen im Alter von über 25 Jahren eine Schule oder Hochschule besucht haben) und ökologischer Nachhaltigkeit (ökologischer Fußabdruck) vor allem mit dem Ziel, die Wohlfahrtsentwicklung über die Zeit im Ländervergleich sichtbar zu machen (Zentrum für gesellschaftlichen Fortschritt 2011).

Abbildung 7 zeigt einerseits die Entwicklung der Indexwerte seit 1970 für Deutschland im Vergleich mit den USA, Schweden und Südkorea (links) sowie das vollständige Länderranking für den Zeitraum der Dekade von 1999 bis 2009 (rechts). Die Gegenüberstellung weist sowohl auf Stärken als auch auf Schwächen des Fortschrittsindex hin. Während die ausgewählten Kurvenverläufe seit 1970 beispielsweise den Aufholprozess von Südkorea eindrucksvoll illustrieren und die im Groben vergleichbare, aber im Detail doch unterschiedliche Entwicklung von Deutschland, den USA und Schweden zum tieferen Blick in die Entwicklung der einzelnen Komponenten motivieren dürfte, so zeigt das Länderranking des Fortschritts im Zeitraum von 1999 bis 2009 auch die Grenzen des Fortschrittsindex auf: In diesem Ländervergleich erreicht Griechenland den vierten Platz. Neben begründeten Zweifeln an den offiziellen Daten resultiert diese hohe Platzierung auch aus der Tatsache, dass in der schmalen Basis aus lediglich vier Variablen die Dimension der ökonomischen Nachhaltigkeit, etwa in Form der Staatsverschuldung, keine Berücksichtigung findet. Auch die gesellschaftliche Dimension, etwa Aspekte wie die Verteilung oder der soziale Zusammenhalt, werden nicht berücksichtigt. Der Fortschrittsindex ist daher kein umfassendes Wohlfahrtsmaß.

Das Wohlstandsquintett des von Meinhard Miegel gegründeten Denkwerks Zukunft ist ein sehr kompaktes Indikatorenset. Die Ziele dieses Ansatzes bestehen darin, die Wertungs- und Gewichtungsprobleme von Verbundindikatoren zu vermeiden, durch Beschränkung auf wenige Leitvariablen ein hohes Maß an Übersichtlichkeit und Kommunizierbarkeit zu erreichen sowie eine hinreichende Vergleichbarkeit zwischen Ländern und über die Zeit sicherzustellen (vgl. Wahl et al. 2011, S. 19 ff.). Abbildung 8 zeigt die fünf „Karten" des Wohlstandsquintetts: In der ökonomischen Dimension wird das materielle Wohlstandsniveau durch das BIP pro Kopf operationalisiert, in der sozio-ökonomischen Dimension die Einkommensverteilung mithilfe der sogenannten 80/20-Relation gemessen. Sie gibt das Verhältnis der entsprechend der Haushaltsstruktur gewichteten Nettohaushaltseinkommen der oberen 20 Prozent der Einkommens-

Boomnation Südkorea: Aufholjagd in Sachen Wohlstand

bezieher in Relation zu den unteren 20 Prozent an. Zur Abbildung der gesellschaftlichen Dimension wird die in den Eurobarometer-Umfragen der Europäischen Kommission ermittelte Ausgrenzungsquote

Das Wohlstandsquintett des Denkwerks Zukunft

Materielles Wohlstandsniveau	Einkommens-verteilung	Gesellschaftlicher Zusammenhalt	Natur- und Ressourcenverbrauch	Kredit-finanzierung
Pro-Kopf-BIP	**80/20-Relation**	**Gesellschaftliche Ausgrenzungsquote**	**Ökologischer Fußabdruck im Verhältnis zur Biokapazität**	**Schuldenquote der öffentlichen Hand**
Ökonomische Dimension	Sozio-ökonomische Dimension	Gesellschaftliche Dimension	Ökologische Dimension	Zukunftsdimension

Quelle: Wahl et al. 2010, S. 23

Abbildung 8

genutzt. Als Gradmesser des gesellschaftlichen Zusammenhalts gibt sie den Anteil der über 15-Jährigen an, der sich von der Gesellschaft ausgeschlossen fühlt. Die ökologische Dimension wird durch den durchschnittlichen ökologischen Fußabdruck der Einwohner eines Landes im Verhältnis zu der im globalen Maßstab pro Kopf verfügbaren Biokapazität berücksichtigt. Durch diesen Nachhaltigkeitsindikator soll angezeigt werden, inwiefern ökologische Grenzen überschritten sind und auf Kosten der Natur sowie künftiger Generationen gewirtschaftet wird. Schließlich wird in der sogenannten „Zukunftsdimension“ das Ausmaß der öffentlichen Kreditfinanzierung durch die Schuldenquote der öffentlichen Hand gemessen. Diese fünfte Karte war in dem im Jahr 2010 als Wohlstandsquintett vorgestellten Indikatorenset des Denkwerks Zukunft noch nicht enthalten (vgl. Wahl et al. 2010, S. 23), sie wurde im Herbst 2011 aufgrund der anhaltenden Staatsschuldenkrise in einigen Mitgliedstaaten der Eurozone ergänzt.

Nach dem Wohlstandsquintett sind ein Land und seine Bevölkerung also wohlhabend, wenn (1.) das Pro-Kopf-BIP möglichst hoch ist, (2.) das durch die 80/20-Relation gemessene Einkommensgefälle nicht steil ist, (3.) der Anteil gesellschaftlich Ausgegrenzter möglichst niedrig ist, (4.) der durchschnittliche ökologische Fußabdruck der Einwohner den Wert der im globalen Maßstab pro Kopf verfügbaren Biokapazität nicht überschreitet und (5.) die Schuldenquote der öffentlichen Hand niedrig ist (Wahl et al. 2011, S. 35). Eine Stärke des Wohlstandsquintetts liegt zweifellos darin, dass es aufgrund seiner geringen Zahl an aussagekräftigen und für die jeweilige Dimension repräsentativen Indikatoren eine übersichtliche Darstellung erlaubt, wie Abbildung 9 illustriert. Als positiv werden dabei Werte oberhalb (Pro-Kopf-BIP) beziehungsweise unterhalb des EU-Durchschnitts gewertet (80/20-Relation, gesellschaftliche Ausgrenzungsquote); für die Bewertung des ökologischen Fußabdrucks und der Schulden-

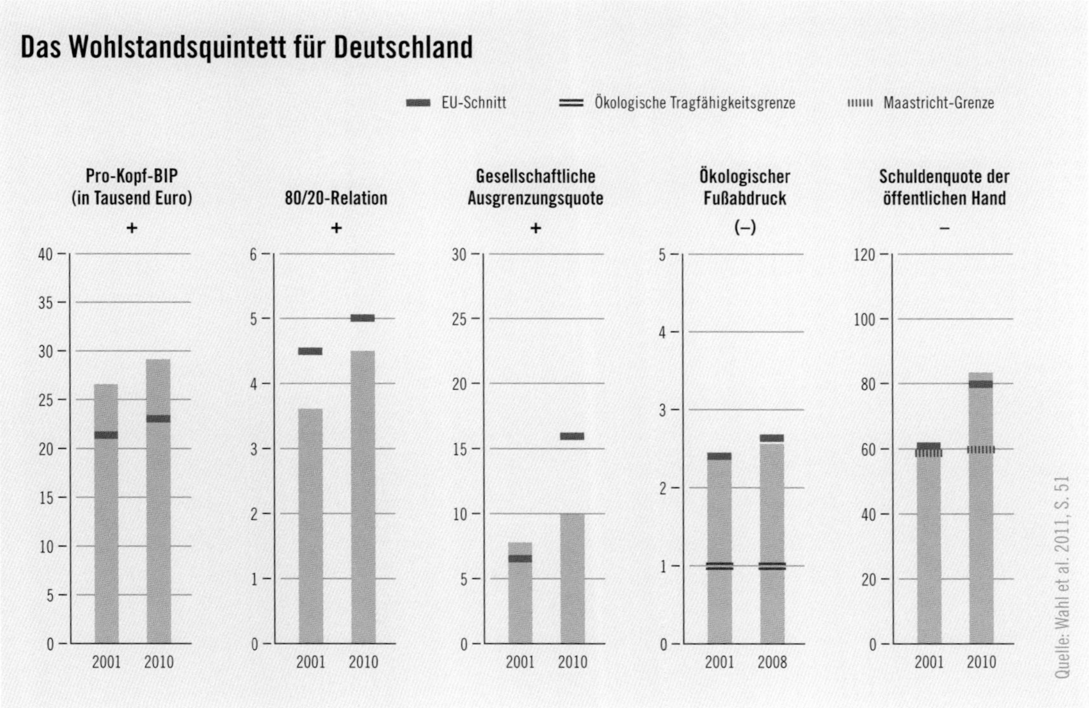

Abbildung 9

quote der öffentlichen Hand kommen die ökologische Tragfähigkeitsgrenze respektive die Maastricht-Grenze einer Staatsschuldenquote in Höhe von 60 Prozent des BIP als zusätzliche Bewertungsmaßstäbe hinzu. In der Gesamtbewertung erhält Deutschland drei Pluszeichen für überdurchschnittliche Ergebnisse beim Pro-Kopf-BIP, der 80/20-Relation und der gesellschaftlichen Ausgrenzungsquote. Einen eingeschränkten Minuspunkt (–) gibt es für den ökologischen Fußabdruck, der zwar leicht unterhalb des EU-Durchschnitts, aber deutlich oberhalb

Lebensqualität in Berlin: Tischtennisspielen im Weinbergspark

der maßgeblichen Tragfähigkeitsschwelle liegt. Ein richtiges Minuszeichen ergibt sich für die Schuldenquote der öffentlichen Hand, weil Deutschland im Jahr 2010 sowohl über dem EU-Durchschnitt als auch deutlich oberhalb der Maastricht-Grenze lag.

Eine zentrale Schwäche des Wohlstandsquintetts ist die Kehrseite seiner Stärke: Die sehr geringe Zahl der zur Abbildung der maßgeblichen Dimensionen verwendeten Indikatoren kann naturgemäß nur ein eingeschränktes und unvollständiges Abbild des tatsächlichen Wohlstandes eines Landes vermitteln. Zentrale Aspekte wie Gesundheit oder Bildung werden nicht explizit, sondern über das Pro-Kopf-BIP und die gesellschaftliche Ausgrenzungsquote allenfalls indirekt erfasst, die Dimension der ökonomischen Nachhaltigkeit wird mit der Staatsschuldenquote nur ansatzsweise berücksichtigt.

Das Indikatorensystem „Wirtschaft, Lebensqualität und Nachhaltigkeit“ wurde vom deutschen Sachverständigenrat zur Begutachtung der gesamtwirtschaftlichen Entwicklung (SVR) gemeinsam mit seinem französischen Pendant, dem Conseil d’analyse économique (CAE) im Auftrag des deutsch-französischen Ministerrates entwickelt (SVR/CAE 2010). Das Ziel der gemeinsam verfassten Expertise bestand explizit darin, die Empfehlungen der Stiglitz-Sen-Fitoussi-Kommission auf ihre praktische Umsetzbarkeit hin zu prüfen, auf dieser Basis einen konkreten Vorschlag für die umfassende Wohlstandsmessung zu unterbreiten und diese auch exemplarisch für Deutschland und Frankreich durchzuführen. Die beiden Sachverständigenräte nutzten die im SSFC-Report definierten Dimensionen „Wirtschaftsleistung“, „Lebensqualität“ und „Nachhaltigkeit“ als Ausgangspunkt für ein in diesen drei Säulen angelegtes Indikatorensystem, wie Abbildung 10 zeigt.

In der ersten Säule schlagen die beiden Sachverständigenräte fünf Variablen vor, die neben dem BIP pro Kopf zur Messung und Beurteilung der Wirtschaftsleistung herangezogen werden sollten. Das BIP pro Arbeitsstunde misst mit der Produktivität eine wesentliche Determinante der Leistungsfähigkeit einer Volkswirtschaft, deren Bedeutung in Zeiten des verschärften demografischen Wandels noch zunehmen dürfte. Mithilfe der Beschäftigungsquote der Bevölkerung im Alter von 15 bis 61 Jahren können Beschäftigung und Arbeitslosigkeit auf international vergleichbare Weise erfasst werden, da die Arbeitslosenquote häufig durch landesspezifische Gesetze oder Arbeitsmarktprogramme verzerrt wird. Zum Vergleich des materiellen Wohlstandes mit Ländern, bei denen wie beispielsweise in Irland ein großer Anteil der Einkommens- und Investitionsströme über die Grenzen hinweg erfolgt, ist das auf die Inländer konzentrierte Nettonationaleinkommen pro Kopf besser geeignet als das BIP.

Das Indikatorensystem „Wirtschaft, Lebensqualität, Nachhaltigkeit"

WIRTSCHAFTSLEISTUNG (A)

- Bruttoinlandsprodukt pro Kopf
- Bruttoinlandsprodukt je Arbeitsstunde
- Beschäftigungsquote der Bevölkerung im Alter von 15 bis 61 Jahren
- Nettonationaleinkommen pro Kopf
- Private und staatliche Konsumausgaben pro Kopf
- Harmonisiertes Verteilungsmaß für das Nettoeinkommen je Komsumeinheit, Einkommensquintilverhältnis S80/S20

LEBENSQUALITÄT (B)

- Gesundheit: Potenziell verlorene Lebensjahre
- Bildung: Schüler und Studenten im Alter zwischen 15 und 24 Jahren
- Persönliche Aktivitäten: Anteil der Arbeitnehmer in Schichtarbeit
- Politische Einflussnahme und Kontrolle: Mitspracherecht und Verantwortlichkeit
- Soziale Kontakte und Beziehungen: Häufigkeit von mit anderen Personen verbrachter Zeit für Sport, Kultur und in gemeinschaftlichen Organisationen
- Umweltbedingungen: Belastung der städtischen Bevölkerung durch Luftverschmutzung mit Feinstaub
- Persönliche und wirtschaftliche Unsicherheit: Nichtarmutsrisikoquote

NACHHALTIGKEIT (C)

- Nettoanlageinvestitionen des privaten Sektors in Relation zum Bruttoinlandsprodukt
- Forschungs- und Entwicklungsausgaben in Relation zum Bruttoinlandsprodukt
- Konjunkturbereinigter Finanzierungssaldo in Relation zum Bruttoinlandsprodukt
- Fiskalische Nachhaltigkeitslücke S2
- Kredit-/BIP-Lücke
- Reale Aktienkurslücke
- Reale Immobilienpreislücke
- Niveau der Treibhausgasemissionen
- Treibhausgasemissionen pro Kopf
- Rohstoffproduktivität (BIP im Verhältnis zum direkten abiotischen Materialinput, DMI)
- Rohstoffverbrauch (abiotischer inländischer Ressourcenverbrauch, DMC) pro Kopf
- Indikator zur Biodiversität (Vogelindex, vorläufig)

Quelle: SVR/CAE 2010, S. 30

Abbildung 10

Der Indikator „Private und staatliche Konsumausgaben pro Kopf" beruht auf der Annahme, dass Haushalte einerseits durch eigenen Konsum ihren Nutzen maximieren und ihnen andererseits auch die Konsumausgaben des Staates weitgehend in Form öffentlich bereitgestellter Leistungen etwa für Bildung, Gesundheit oder Justiz zugutekommen. Dieses Maß leidet natürlich an der unterschiedlichen Effizienz des Regierungshandelns im internationalen Vergleich und sollte daher im Kontext eines Indikatorensystems, aber nicht isoliert betrachtet werden.

Das Einkommensquintverhältnis S80/S20 bildet schließlich wie die 80/20-Relation im Wohlstandsquintett das Verhältnis der Einkommen der oberen 20 Prozent der Einkommensbezieher in Relation zu den unteren 20 Prozent ab.

Viel schwieriger als eine differenzierte Messung der Wirtschaftsleistung ist die Erweiterung der regelmäßigen statistischen Berichterstattung in Richtung einer ganzheitlichen Erfassung der Lebensqualität. Die Sachverständigenräte haben sich hier an den ver-

Nichtmaterielle Indikatoren für Lebensqualität, Deutschland[1]

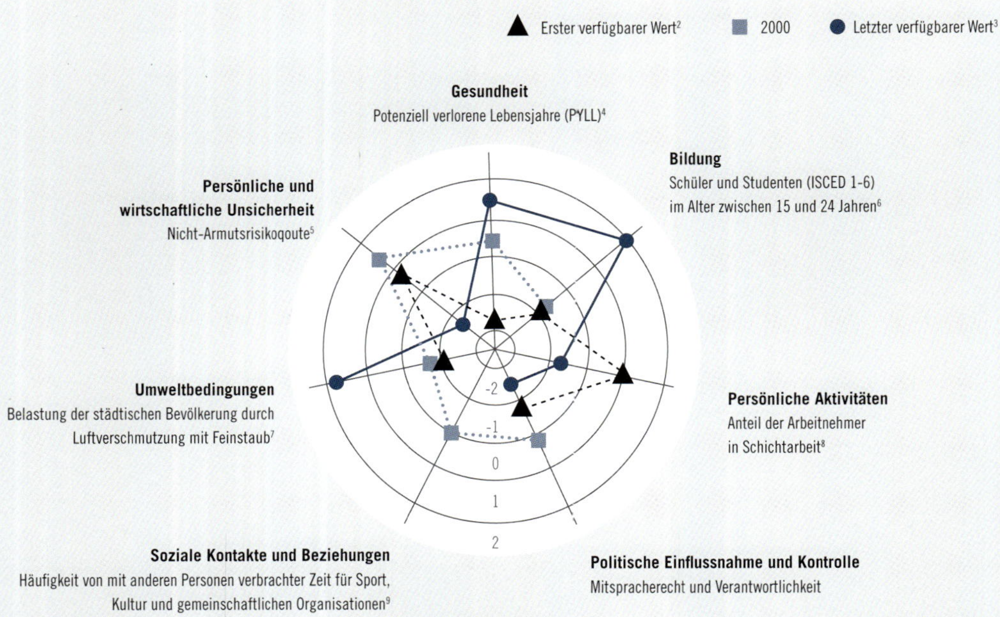

[1] Eigene Berechnungen: Daten sind nicht untereinander vergleichbar. Durchschnitt = 0; ein Wert über 0 bedeutet bessere Konditionen und umgekehrt. [2] Gesundheit: 1991, Persönliche Aktivitäten: 1992, Politische Einflussnahme und Kontrolle: 1996, Bildung: Deutschland. 1992: Frankreich. 1993, Umweltbedingungen: Deutschland. 1999, Frankreich. 2001, Persönliche und wirtschaftliche Unsicherheit: Deutschland. 1992, Frankreich. 1995. [3] Gesundheit: 2006, Bildung und Persönliche Aktivitäten: 2009, Politische Einflussnahme und Kontrolle sowie Umweltbedingungen: 2008, Persönliche und wirtschaftliche Unsicherheit: Deutschland. 2009, Frankreich. 2008. [4] PYLL ist eine Messmethode über vorzeitige Sterblichkeit, die eine eindeutige Bewertung von vermeidbaren Todesfällen in jüngeren Jahren ermöglicht. In Relation zu 100.000 Einwohnern, berechnet von der OECD basierend auf der altersspezifischen Statistik über Todesfälle der World Health Organization. [5] Eins minus dem Anteil der Personen mit einem verfügbaren Einkommensäquivalent unterhalb der Armutsrisikogrenze, die bei 60 v. H. des nationalen Medians des verfügbaren Einkommensäquivalents nach Abzug der Sozialtransfers festgelegt ist. [6] Anteil an der Bevölkerung im selben Alter. [7] Der Indikator zeigt das Jahresmittel der bevölkerungsgewichteten Feinstaubkonzentrationen an städtischen Hintergrundstationen in Ballungsräumen. [8] In v. H. aller Erwerbstätigen. [9] Einziger verfügbarer Wert: 1999.

Quelle: SVR/CAE 2010, S. 21

Abbildung 11

Bildung und Forschung sind zentrale Indikatoren für eine nachhaltige Wohlstandsentwicklung

schiedenen nichtmateriellen Dimensionen orientiert, welche die SSF-Kommission vorgeschlagen hat: Gesundheit, Bildung, persönliche Aktivitäten, politische Einflussnahme und Kontrolle, soziale Kontakte und Beziehungen, Umweltbedingungen sowie persönliche und wirtschaftliche Unsicherheit. Diese Auswahl geht auf den mehrdimensionalen Ansatz der Verwirklichungschancen von Amartya Sen („capability approach") zurück, nach dem die Wohlfahrt einer Gesellschaft durch den Grad der für ihre Mitglieder als „objektive Möglichkeit" bestehenden Verwirklichungschancen gemessen werden sollte. Zur angemessenen Darstellung des mehrdimensionalen Konzepts von Lebensqualität empfehlen die Sachverständigenräte die Nutzung von Netzdiagrammen bzw. Radarcharts, wie es Abbildung 11 für Deutschland zeigt.

Im Bereich der Lebensqualität wird besonders deutlich, warum eine Verdichtung der Wohlstandsmessung bis in eine einzige Zahl nicht sinnvoll ist: Wie sollten beispielsweise Fortschritte in der Gesundheit sinnvoll mit Rückschritten bei der Bildung „verrechnet" werden? Alternativ zum Bottom-up-Ansatz der Sachverständigenräte, bei denen konstitutive Elemente der Lebensqualität mit möglichst objektiven Daten gemessen werden, wäre es zwar auch denkbar, in einer Top-down-Logik die empfundene Lebensqualität mithilfe von Umfragen unmittelbar zu erheben. Diesen Ansatz aus der ökonomischen Glücksforschung lehnen die Sachverständigenräte im Kontext eines Indikatorensystems jedoch entschieden ab, weil einerseits Vergleiche zwischen Ländern auf dieser Basis kaum möglich und andererseits die damit verbundenen Manipulationsgefahren erheblich seien (vgl. Schmidt 2011).

Bei der Messung der zukunftsbezogenen Nachhaltigkeit in der dritten Säule geht das von SVR und CAE entwickelte Indikatorensystem deutlich über die Empfehlungen des SSFC-Abschlussberichts hinaus, weil neben ökologischen auch ökonomische Aspekte der Nachhaltigkeit berücksichtigt werden. Abbildung 12 zeigt die sieben vorgeschlagenen Indikatoren der ökonomischen Nachhaltigkeit. Auf Seite 76 (links oben) finden sich mit den Nettoanlageinvestitionen des privaten Sektors im Verhältnis zum BIP sowie den Forschungs- und Entwicklungsausgaben im Verhältnis zum BIP zwei zentrale Indikatoren für die Nachhaltigkeit des Wirtschaftswachstums. Sie spiegeln die Bedeutung der Kapitalbildung und der künftig zu erwartenden Gesamtproduktivität für die Nachhaltigkeit des Wirtschaftswachstums wider.

Indikatoren zur ökonomischen Nachhaltigkeit, Deutschland und Frankreich

Nettoanlageinvestitionen des privaten Sektors in Relation zum BIP

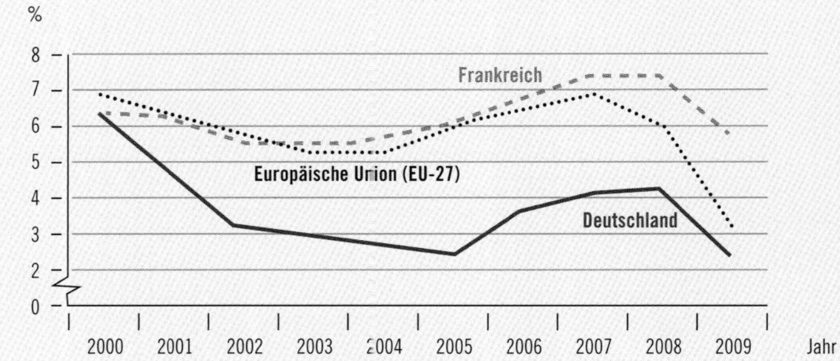

Forschungs- und Entwicklungsausgaben (FuE) in Relation zum BIP[2]

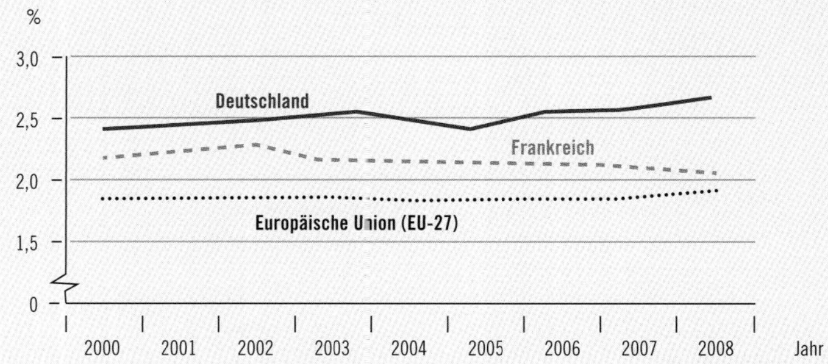

Konjunkturbereinigter Finanzierungssaldo[1]

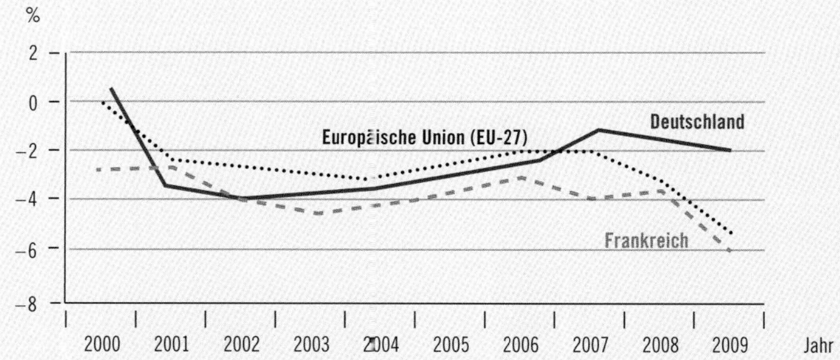

Fiskalische Nachhaltigkeitslücke[3]
in Relation zum nomininalen Bruttoinlandsprodukt in Prozent

	S2-Indikator[4]	
	2005	**2009**
Deutschland	**4,4**	**4,2**
Frankreich	4,0	5,6
Europäische Union (EU-27)	**3,4**	**6,5**

Abbildung 12

Geschätzte kumulierte Lücken[5]

Kredit-/BIP-Lücke

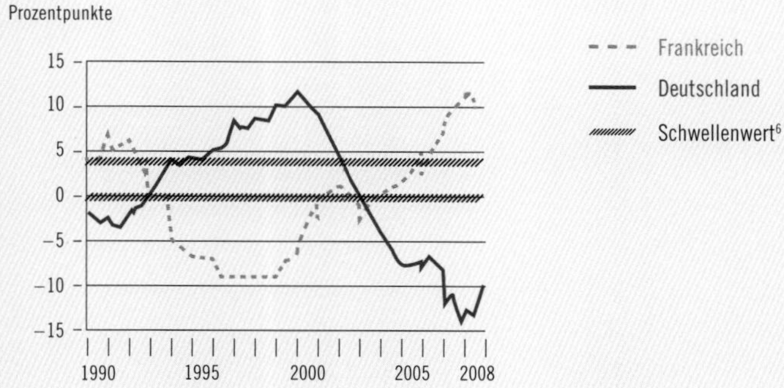

Reale Immobilienpreislücke

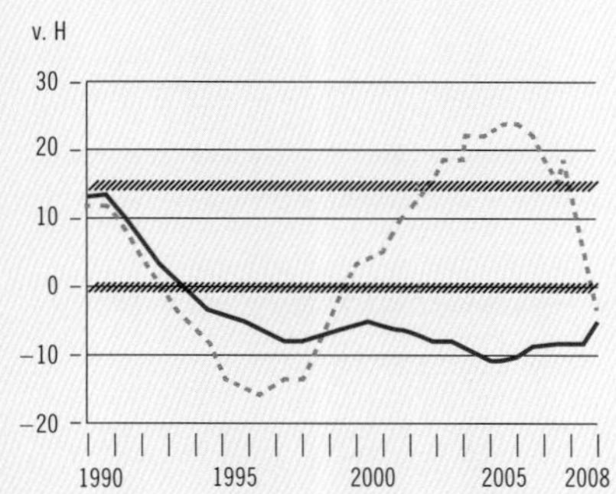

Reale Aktienkurslücke

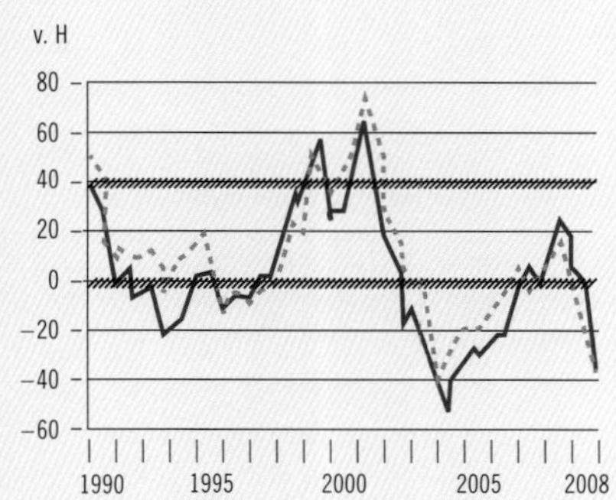

Erläuterung der Fußnoten in Abbildung 13

Quelle: SVR/CAE 2011, S. 24

In Abbildung 12 (links unten) wird die fiskalische Nachhaltigkeit des Staates anhand des konjunkturbereinigten Finanzierungssaldos sowie der fiskalischen Nachhaltigkeitslücke (S2-Indikator) gemessen. Gemäß der goldenen Regel der Finanzpolitik sollte der konjunkturbereinigte Finanzierungssaldo nicht größer sein als die staatlichen Nettoinvestitionen. Im abgebildeten Zeitraum von 2001 bis 2009 haben sowohl Deutschland als auch Frankreich diese Regel kontinuierlich verletzt (vgl. SVR/CAE 2010, S. 117). Der von der EU-Kommission in ihren Nachhaltigkeitsberichten ausgewiesene Indikator S2 gibt an, wie groß der unmittelbare strukturelle Konsolidierungsbedarf der öffentlichen Finanzen in Relation zum BIP ist, um langfristige Tragfähigkeit der öffentlichen Finanzen sicherzustellen. Die entsprechende Tabelle zeigt den jeweils zu Beginn der Basisjahre 2005 und 2009 ermittelten Konsolidierungsbedarf. In Deutschland hat sich die Tragfähigkeit der öffentlichen Finanzen in diesem Zeitraum leicht verbessert, der strukturelle Konsolidierungsbedarf in Relation zum BIP ist von 4,4 auf 4,2 Prozent gesunken. In Frankreich hat sich die Situation im gleichen Zeitraum erheblich verschlechtert, die Nachhaltig-

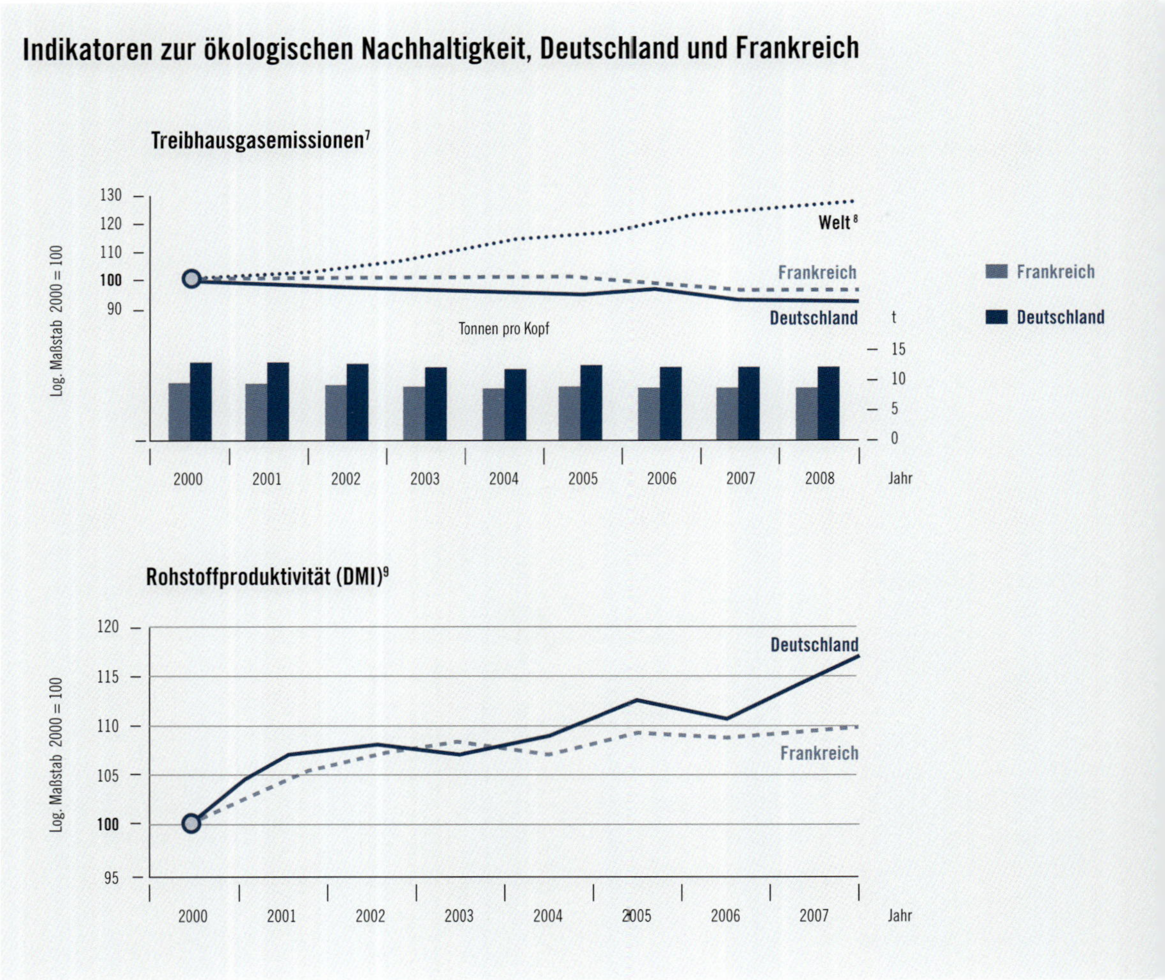

Abbildung 13

keitslücke ist von 4,0 auf 5,6 Prozent gestiegen. Die drei Indikatoren auf der rechten Seite von Abbildung 12 gelten als Frühwarnindikatoren der finanziellen Nachhaltigkeit, die auf grundlegende Fehlentwicklungen im Finanzsektor aufmerksam machen. Alle drei Indikatoren beruhen methodisch auf der Idee, die kumulierten Abweichungen vom Trend im jeweiligen Verlauf von Kreditvolumen, Immobilienpreisen und Aktienkursen zu ermitteln („kumulierte Lücken"). Die Kredit-/BIP-Lücke misst das Verhältnis der privaten Kreditaufnahme im Verhältnis zum BIP, als problematisch gilt in der wissenschaftlichen Literatur die Überschreitung des Schwellenwertes von 4 Prozentpunkten. Für die jeweils mit dem Verbraucherpreisindex um die Inflation bereinigten Immobilienpreise und Aktienkurse wird die Überschreitung der Schwellenwerte von 15 Prozent beziehungsweise 40 Prozent als Warnsignal interpretiert. Für 2008, das letzte in Abbildung 12 enthaltene Jahr, signalisiert also nur die Kreditlücke in Frankreich ein möglicherweise bestehendes Problem.

Die ökologische Dimension der Nachhaltigkeit wird anhand der in Abbildung 13 dargestellten Indika-

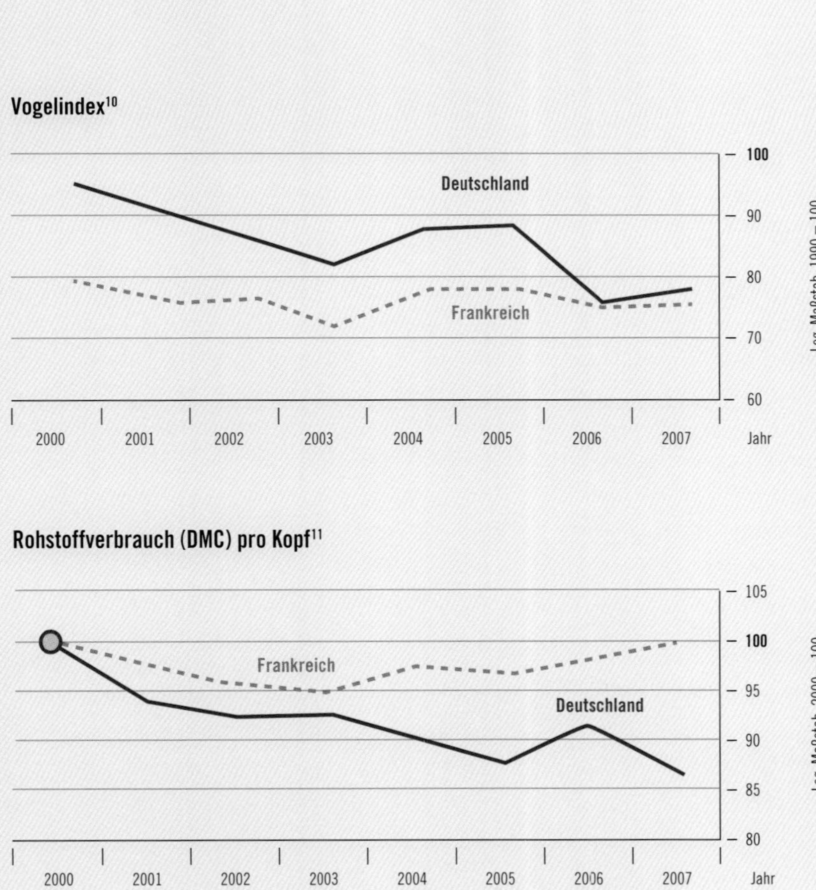

[1] Der vorliegende Indikator ist GERD (Gross domestic expenditure on R&D) in Relation zum Bruttoinlandsprodukt in Prozent. [2] Quelle: EU. Bezogen auf das Produktionspotenzial. [3] Quelle: Europäische Kommission „Sustainability Report 2009" und „Long-term Sustainability of public Finances in the European Union" (2006). [4] Erforderliche Anpassung des strukturellen Primärsaldos, um die Nachhaltigkeitslücke zu schließen. [5] Einzelheiten zur Methodik siehe Borio; Drehmann (2009a). [6] Der Schwellenwert beträgt 4 Prozentpunkte für die Kredit-/BIP-Lücke, 15 Prozent für die reale Immobilienpreislücke und 40 Prozent für die reale Aktienkurslücke. [7] Jährliche Treibhausgasemissionen vereinbart im Rahmenübereinkommen über Klimaveränderung der Vereinten Nationen (UNFCCC), im Kyoto-Protokoll und der Entscheidung 280/2004/EC der Europäischen Kommission. [8] Quellen: IEA und OECD. CO_2-Emissionen durch die Verbrennung von Kraftstoffen. [9] Quelle: EU. Index weitverbreiteter Vogelarten. [10] Bruttoinlandsprodukt in Relation zum DMI; DMI: Direkter Materialinput (Rohstoffentnahme und Importe von abiotischen Material, das direkt von der Wirtschaft verwendet wird). [11)] DMC: Inlandsmaterialverbrauch (im Inland verbrauchte abiotische Rohstoffe; DMC = DMI – Exporte). [12] DMC in Rohstoffäquivalenten (RÄ).

Quelle: SVR/CAE 2011, S. 24

toren erfasst. Aufgrund der großen Gefährdungen durch den Klimawandel und die enge Verknüpfung mit Wirtschafts- und Konsumstruktur sind darin die Treibhausgasemissionen prominent vertreten. Sie werden einmal als Niveau in Relation zum Wert des Jahres 2000 ausgewiesen, zusätzlich wird das im Rahmen internationaler Klimaschutzverhandlungen relevante Niveau der Pro-Kopf-Emissionen dargestellt. Als eingeschränktes und daher vorläufiges Maß für die Entwicklung der Biodiversität wird der von der EU erhobene Vogelindex weitverbreiteter Vogelarten vorgeschlagen. Weil Vögel sensibel und vergleichsweise schnell auf Veränderungen der Umwelt reagieren, kann der Vogelindex auf vielfältige Gefährdungen der Biodiversität hinweisen.

Als Indikatoren für Rohstoffproduktivität und Rohstoffverbrauch werden in der zweiten Zeile von Abbildung 13 zusätzlich die Rohstoffproduktivität, gemessen als Verhältnis des BIP zum direkten Materialeinsatz (Direct Material Input – DMI), sowie der inländische Materialverbrauch (Domestic Material Consumption – DMC) pro Kopf vorgeschlagen. Ausgangspunkt für beide Maße ist der direkte Materialeinsatz (DMI), der die gesamte Menge aller primären, nichterneuerbaren Rohstoffe, die importiert oder im Inland abgebaut wurden, und alle importierten Fertig- und Halbfertigerzeugnisse erfasst (in Tonnen). Zieht man vom DMI die exportierten Rohstoffe und Fertig- sowie Halbfertigerzeugnisse ab, dann gelangt man zum inländischen Materialverbrauch (DMC).

Das gemeinsame Problem der ökonomischen wie ökologischen Nachhaltigkeitsindikatoren ist darin zu sehen, dass sie als nationale Indikatoren die globalen Systemzusammenhänge von Ökologie und Ökonomie nicht erfassen können und daher nur von begrenztem Nutzen sind: Weder die Auswirkungen einer Finanzkrise noch der durch Treibhausgase beschleunigte Klimawandel machen an nationalen

Indikator für ökologische Nachhaltigkeit: Der Vogelindex weist auf vielfältige Gefährdungen der Biodiversität hin

Grenzen halt. Trotzdem ist es sinnvoll und für Diskussionen in Öffentlichkeit und Politik notwendig, den quantifizierten Beitrag der eigenen Volkswirtschaft im Kontext dieser Probleme zu kennen. Ökonomischen wie ökologischen Maßen zur Nachhaltigkeit ist darüber hinaus gemein, dass sie keine eindeutige Antwort liefern, sondern ihre Bedeutung erst durch eine zukunftsgerichtete Extrapolation im Sinne einer „Was wäre, wenn?“-Frage erlangen. Diese muss immer in Abhängigkeit von Annahmen zum Verhalten aller relevanten Akteure geschehen. Trotzdem haben die auf diese Weise gewonnenen Projektionen einen hohen Wert: Sie zeigen uns, wohin der Weg führen kann, wenn wir die Richtung nicht ändern.

FAZIT

Es spricht viel dafür, dass die zahlreichen auf internationaler und nationaler Ebene ergriffenen Initiativen zur Etablierung einer umfassenden Wohlstandsberichterstattung nicht folgenlos im Sande verlaufen werden, sondern sich in den kommenden Jahren tatsächlich eine Reihe von breit angelegten Berichtssystemen neu oder als Weiterentwicklung vorhandener Systeme etablieren wird. Aus unserer Sicht ist es sehr wahrscheinlich und auch inhaltlich angemessen, dass Berichtssysteme, die 1. von staatlicher Seite angestoßen wurden, 2. auf die umfassende Unterrichtung von Öffentlichkeit und Politik ausgerichtet sind und 3. von der Erhebung und Nutzung der Daten sowie der administrativen Kapazität von staatlichen statistischen Ämtern abhängen, vor allem als Indikatorensysteme entwickelt werden. Dabei wird auf die problematische Verdichtung der zu den verschiedenen Facetten des Wohlstandes vorliegenden Informationen bis in eine einzelne Zahl in der Regel ebenso verzichtet wie auf die Erhebung der manipulationsanfälligen und für einen Ländervergleich ohnehin nicht geeigneten Umfrageinformationen zur subjektiven Zufriedenheit.

Unabhängig davon werden Nichtregierungsorganisationen und andere politische Akteure mit einer klaren und thematisch fokussierten Agenda die Entwicklung zusammengefasster Wohlstandsindizes und darauf beruhender Länderranglisten weiterführen, weil sich mit diesem Instrument leichter öffentliche Aufmerksamkeit generieren lässt. An dieser Koexistenz beider Ansätze ist nichts auszusetzen, sofern die Produzenten der verschiedenen Berichtssysteme ihre Methoden und die verwendete Datenbasis so transparent dokumentieren, dass Öffentlichkeit und Politik die Ziele, Möglichkeiten und Grenzen der einzelnen Ansätze einschätzen können.

LITERATUR

ABS – Australian Bureau of Statistics (2010): Measures of Australia's Progress – Is Life in Australia getting better?, Internet: www.abs.gov.au/about/progress.

Braakmann, Albert (2010): Zur Wachstums- und Wohlfahrtsmessung, in: Wirtschaft und Statistik 7/2010, S. 609–614.

Bundesregierung (2008): Für ein nachhaltiges Deutschland, Fortschrittsbericht 2008 zur nationalen Nachhaltigkeitsstrategie, Berlin.

CIW (2011): How are Canadians really doing? Highlights: Canadian Index of Wellbeing 1.0, Canadian Index of Wellbeing and University of Waterloo, Waterloo, Ontario.

Diefenbacher, Hans; **Zieschank,** Roland (2009): Wohlfahrtsmessung in Deutschland: Ein Vorschlag für einen nationalen Wohlfartsindex, Umweltbundesamt Text 02/2010, Dessau-Roßlau.

Europäische Kommission (2009): Das BIP und mehr: Die Messung des Fortschritts in einer Welt im Wandel, Mitteilung der Kommission an den Rat und an das Europäische Parlament, KOM 2009-433, Brüssel.

Eurostat (2011a): Is the EU on a Sustainable Development Path? Highlights of the 2011 Monitoring Report of the EU Sustainable Development Strategy, Eurostat Statistic in Focus 58/2011, Luxembourg.

Eurostat (2011b): Sustainable Development in the European Union, 2011 Monitoring Report of the EU Sustainable Development Strategy, Luxembourg.

Kroll, Christian (2011): Wie wollen wir zukünftig leben? Internationale Erfahrungen bei der Neuvermessung von Fortschritt und Wohlergehen, OECD (2007), Istanbul Declaration, Internet: www.oecd.org/dataoecd/14/46/38883774.pdf.

OECD (2009): Gesellschaft auf einen Blick, OECD-Sozialindikatoren, Paris.

OECD (2011): Society at a Glance, OECD Social Indicators, Paris.

Schepelman, Philipp; **Goossens,** Yanne; **Makipaa,** Arttu (eds., 2010): Towards Sustainable Development, Alternatives to GDP for Measuring Progress, Wuppertal Spezial 42, Wuppertal.

Schmidt, Christoph M. (2011): Möglichkeiten und Grenzen umfassender Indikatorensysteme, in: Wirtschaftsdienst 2011-11, S. 745–749.

Schmidt, Christoph M.; **Kassenböhmer,** Sonja C. (2010): Beyond GDP and Back: What is the Value Added by Additional Components of Welfare Measurement?, Ruhr Economic Papers #239, Essen.

Statistisches Bundesamt (2012): Nachhaltige Entwicklung in Deutschland, Indikatorenbericht 2012, Wiesbaden.

Stiglitz, Joseph; **Sen,** Amartya; **Fitoussi,** Jean-Paul (2009): Report by the Commission on the Measurement of Economic Performance and Social Progress, Internet: www.stiglitz-sen-fitoussi.fr.

SVR/CAE – Sachverständigenrat zur Begutachtung der gesamtwirtschaftlichen Entwicklung und Conseil d'analyse économique (2010): Wirtschaftsleistung, Lebensqualität und Nachhaltigkeit: Ein umfassendes Indikatorensystem, Expertise im Auftrag des deutsch-französischen Ministerrates, Wiesbaden.

van Suntum, Ulrich; **Lerbs,** Oliver (2011): Theoretische Fundierung und Bewertung alternativer Methoden der Wohlfahrtsmessung, Studie im Auftrag der KfW-Bankengruppe, Münster.

Wahl, Stefanie; **Schulte,** Martin **Butzmann,** Elias (2010): Das Wohlstandsquartett, Zur Messung des Wohlstands in Deutschland und anderen früh industrialisierten Ländern, Denkwerk Zukunft – Stiftung kulturelle Erneuerung, Bonn.

Wahl, Stefanie; **Schulte,** Martin **Butzmann,** Elias (2011), Das Wohlstandsquartett, Zur Messung des Wohlstands in Deutschland und anderen früh industrialisierten Ländern, Denkwerk Zukunft – Stiftung kulturelle Erneuerung, Bonn.

Zentrum für gesellschaftlichen Fortschritt (2011): Fortschrittsindex 2011 – Lebensqualität neu vermessen, Frankfurt am Main.

4. Paradigmenwechsel – Von den Grenzen zu den Chancen des Wachstums

Dr. Eberhard von Koerber

VITA

Dr. Eberhard von Koerber leitet eine internationale Investment- und Vermögensverwaltungsgesellschaft, die Eberhard von Koerber AG mit Sitz in Zürich.

Von Koerber ist Co-Präsident des Club of Rome, Mitgründer, Stiftungsrat und Vizepräsident des Wittenberg-Zentrum für Globale Ethik sowie früherer Präsident und jetzt Vorstandsmitglied der World Scout Foundation. Er ist Mitglied des Vorstandes des Kulturkreises der Deutschen Wirtschaft und Botschafter der Initiative Neue Soziale Marktwirtschaft.

Von 1988 bis 1998 war von Koerber Vizepräsident in der Konzernleitung des ABB Konzerns in Zürich und Vorsitzender bzw. Aufsichtsratsvorsitzender der deutschen ABB, zuvor Mitglied der Konzernleitung von Brown Boveri in Baden, Schweiz, und bis 1986 Vorstandsmitglied der BMW AG in München.

INHALT

4. Paradigmenwechsel – Von den Grenzen zu den Chancen des Wachstums

Eberhard von Koerber

EINLEITUNG

Vor 200 Jahren ging der britische Ökonom Thomas Robert Malthus fest davon aus, dass der Erde höchstens eine Milliarde Menschen zuzumuten seien. Für Dennis Meadows, etwa 180 Jahre später, waren es 4,5 Milliarden. Heute leben bereits sieben Milliarden Menschen auf unserer Erde.

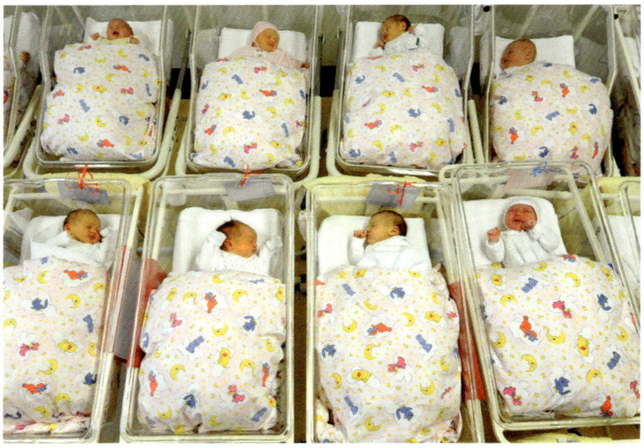

Der siebenmilliardste Mensch kam im Oktober 2011 auf die Welt

Die Herausforderung, einen sinnvollen Ausgleich zwischen Wachstum, Wohlstand, sozialer Sicherheit und Umweltschutz angesichts schwindender natürlicher Ressourcen und einer ständig steigenden Anzahl von Menschen zu meistern, ist enorm. Zwar geht Wolfgang Lutz, Direktor des International Institute for Applied System Analysis (IIASA), davon aus, dass 2070 die Weltbevölkerung zu schrumpfen beginnt. Doch laufen Berechnungen der Vereinten Nationen in eine andere Richtung: Wir werden uns weiter vermehren. Spätestens im Jahr 2100 wird die Erde über zehn Milliarden Menschen ertragen müssen.

Es gibt niemanden, der wirklich voraussagen kann, ob oder wann unser Planet aus allen Nähten platzt. Wir wissen aber, dass alle Zeichen dafür sprechen, dass wir uns darum endlich kümmern müssen, damit dies nicht passiert. Die heutige Kritik am dominierenden Paradigma des Wirtschaftswachstums ist durchaus verständlich. Doch neu ist sie nicht. Eindrucksvoll hat bereits 1972 der US-Ökonom Dennis Meadows in seinem Bericht des Club of Rome zur Lage der Menschheit die Grenzen des Wachstums aufgezeigt. Seine Studie über ausbeuterisches Wachstum, deren Veröffentlichung die Geburtsstunde der ökologischen Wachstumskritik für viele bedeutet, wirkt bis heute nach. Der Bericht warnte davor, dass die Menschheit die Grenzen des Planeten zwischen dem Jahr 2000 und 2100 überschreiten würde – sollten die Wachstumsraten der Jahre 1900 bis 1971 anhalten. Heute, nur 40 Jahre später, gibt es keine Zweifel, dass die Welt diese Grenzen bereits überschritten hat.

EINE IDEE PFLANZT SICH FORT

Meadows hat mit seinem Grundgedanken überzeugt, dass die Ressourcen endlich sind und dass wir sie, je schneller wir wachsen, umso schneller verbrauchen. Auch wenn er und seine Kollegen damals den Zusammenbruch der Sowjetunion, die Globalisierung, die Wirkungen neuer Technologien und den demografischen Wandel zu einer älter werdenden Bevölkerung so nicht vorhersehen konnten – seine grundsätzlichen Überlegungen zu Bevölkerungswachstum, Nahrungsmittelproduktion, Industrialisierung, Umweltverschmutzung und Ressourcenverbrauch waren richtig, vorbildhaft und motivierten zu Nachfolgeprojekten: Noch vor der Konferenz der Vereinten Nationen über Umwelt und Entwicklung von Rio de Janeiro 1992 nahm das Statistische Bundesamt in Wiesbaden die Grundlagenarbeit zu den umweltrelevanten Wirkungen unseres wirtschaftlichen Handelns auf. Der damalige Bundesminister für Umwelt, Naturschutz und Reaktorsicherheit (BMU), Klaus Töpfer, richtete zudem einen Beirat für "Umweltökonomische Gesamtrechnung" (UGR) ein. Um Wachstum, Wohlstand, Lebensqualität und Nachhaltigkeit in Form von Indikatoren abzubilden, bemühte sich zuletzt nicht nur die von der französi-

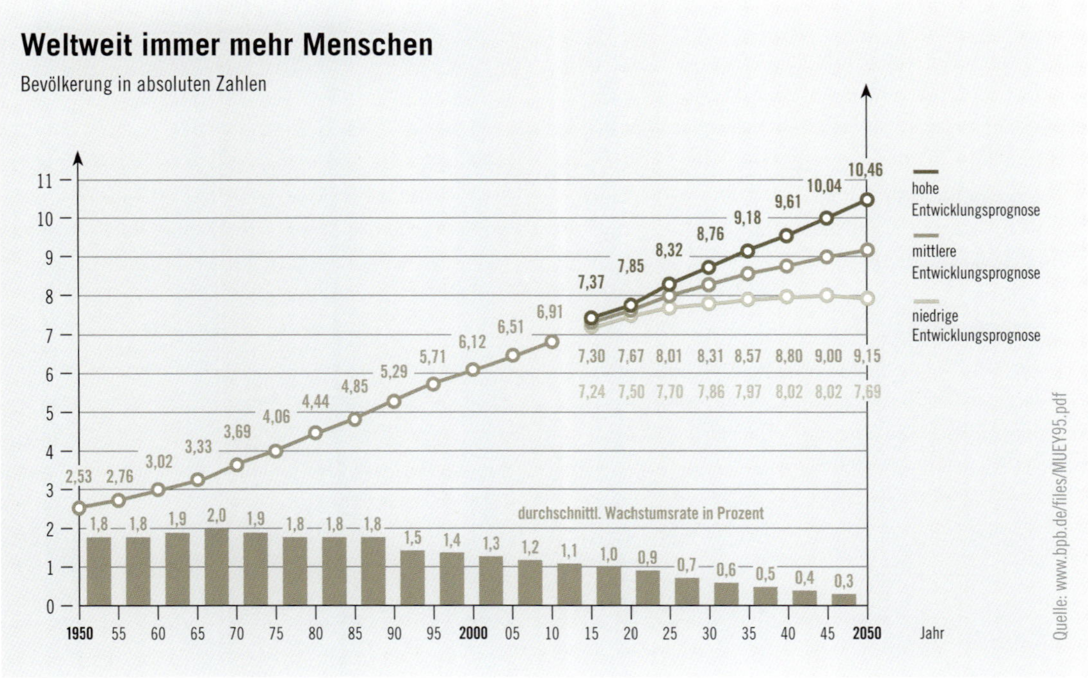

Abbildung 1

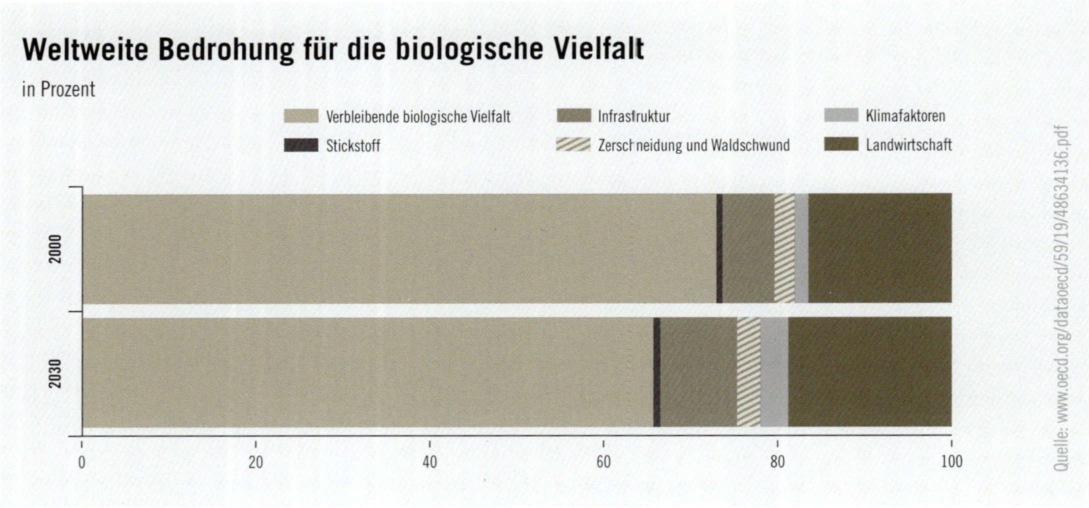

Abbildung 2

schen Regierung initiierte Stiglitz-Sen-Fitoussi-Kommission, sondern auch die vom Deutschen Bundestag eingesetzte Enquete-Kommission „Wachstum, Wohlstand, Lebensqualität".

Es steht außer Frage: Die rasante Entwicklung und der enorme technologische Fortschritt, die wir in den vergangenen Jahrzehnten erreicht haben, sind einmalig. Wir leben heute in einer Welt, in der die Menschen in ihrer Gesamtheit gesünder, wohlhabender, besser ausgebildet, informiert und vernetzt sind als jemals zuvor. Wir befinden uns jedoch auch an einem Wendepunkt unserer Geschichte. Finanzkrise, Klimawandel und auch die japanische Nuklearkatastrophe haben die Diskussion um nachhaltiges und gerechtes Wirtschaftswachstum verstärkt zum zentralen Thema in Parteien, Ministerien, Behörden, Verbänden, Unternehmen, Institutionen und sogar Privathaushalten gemacht. Die Wurzeln der aktuellen Probleme um Finanzstabilität, Klimawandel und Nahrungsmittelknappheit reichen jedoch weit zurück und liegen in veralteten theoretischen Konzepten, unreflektierten Wertvorstellungen und fehlenden Institutionen.

Wir können diese Krise nur bewältigen, indem wir uns ein neues, an die Bedingungen des 21. Jahrhunderts angepasstes wirtschaftliches Handeln erarbeiten. Unser Ziel muss sein, das Wohlergehen aller zu maximieren und handlungsfähige globale Institutionen zu schaffen. Wir müssen uns endlich ernsthaft mit der Frage beschäftigen: Kann unsere Wirtschaft ewig wachsen? Kann Wirtschaftswachstum in Industrieländern überhaupt ein legitimes Ziel sein, wenn die Weltwirtschaft jetzt schon an ihre ökologischen Grenzen stößt und weit mehr als eine Milliarde Menschen hungern? Welches Wachstum brauchen wir, welche Chancen ergeben sich aus den Limitierungen und wie lassen sich diese Veränderungen mit unserem System der Sozialen Marktwirtschaft vereinen? In unseren Antworten müssen wir die sehr unterschiedlichen wirtschaftlichen und sozialen Ausgangslagen der Nationen unterscheiden. Es kann keine gleichlautenden Antworten für die hochentwickelten Industrieländer, die Schwellenländer und die Entwicklungsländer in Afrika, Lateinamerika und Südostasien geben. Auch innerhalb der Industrieländer müssen wir, wie wir gerade in der Eurokrise sehen, differenzieren.

MENSCHLICHER WILLE FÜR WACHSTUM

Vergegenwärtigen wir uns, was Wachstum für uns Menschen bedeutet. Der Wunsch nach Wachstum und die damit einhergehende Vorstellung des Fortschritts gehören zur intellektuellen Basis der Moderne. Sie sind im 18. Jahrhundert begründet und spielen bis heute eine vorherrschende Rolle. Denker der Aufklärung wie der Marquis de Condorcet oder Immanuel Kant glaubten an die unbegrenzte Verbesserbarkeit der Gesellschaft. Auch Adam Smith war von dem Zusammenspiel von Fortschritt und Wirtschaftswachstum überzeugt und beeinflusste damit das Denken nicht nur der folgenden Ökonomengeneration, sondern auch der Politiker. Ob Kommunisten, Kapitalisten oder Laissez-faire-Liberale – der Wunsch nach Fortschritt vereinte die Intellektuellen und die Eliten des frühen 19. Jahrhunderts. „Die Vorstellung von unendlichem Wachstum ist seit der industriellen Revolution in unserem emotionalen und kognitiven Haushalt eingebettet", resümiert der Publizist und Sozialpsychologe Harald Welzer. Der Glaube an einen ethischen Fortschritt hat durch die Weltkriege und Völkermorde des 20. Jahrhunderts gelitten, der Wille zum Wirtschaftswachstum wurde in der gleichen Zeit aber immer stärker.

Das zerstörte Nachkriegsdeutschland brauchte Wachstum, um Arbeitsplätze und Wohlstand zu erzeugen. Der Wiederaufbau ließ die Lebensqualität im Westen notwendigerweise steigen, die Bürger kauften Autos, freuten sich über breitere Straßen und sanierte Städte. Aber auch weltweit, besonders in den Entwicklungs- und Schwellenländern, will die überwältigende Mehrheit der Menschen mehr als Wasser und Brot. Sie will schöne Kleidung, komfortabel wohnen, Urlaubsreisen, steigende Einkommen. Menschen wollen Anerkennung und sozialen Status. Sie haben Lust und Ehrgeiz auf mehr – eine uns allen bekannte Eigenschaft, die Eugen Schmalenbach einst als einen Motor für wirtschaftliches Handeln in seinem bekannten Bonmot formulierte: „Die Lust am Geldverdienen ist für die wirtschaftliche Entwicklung der Welt ebenso notwendig wie die Lust am Beischlaf für die Volksvermehrung."

Das zerstörte Nachkriegsdeutschland brauchte Wachstum, um Arbeitsplätze und Wohlstand zu erzeugen

Und selbst wenn viele meinen, persönlich nicht nach mehr streben zu wollen, glauben sie aber dennoch, dass ein Leben ohne Wachstum kaum möglich sei. Denn auch dies liegt in unserer Natur: Etwas wachsen zu sehen oder mithalten zu können mit anderen, spendet Lebens- und Gemeinschaftssinn und festigt das Selbstwertgefühl.

GRENZEN DER KONSUMGESELLSCHAFT

Wohlstand durch Wachstum oder Wohlstand ohne Wachstum? Für viele Wachstumskritiker ist das auch Ende der Fahnenstange in den Industrieländern, aber bei uns erreicht. Schon seit einiger Zeit ist die Welt „an den Grenzen der Konsumgesellschaft angelangt", meint der Berliner Historiker Wolfgang König in seiner „Kleinen Geschichte der Konsumgesellschaft" (2008). Tim Jackson macht in seinem aktuellen Buch „Wohlstand ohne Wachstum" vehement auf die Grenzen der Ressourceneffizienz aufmerksam. In der Vergangenheit seien technologisch begründete Effizienzgewinne fast immer dadurch aufgezehrt worden, dass sie eine höhere Produktion ermöglicht hätten. „Effizienzverbesserung senkt die Kosten, regt dadurch die Nachfrage an und trägt auf diese Weise zur weiteren Expansion bei", glaubt Jackson. Manche Kritiker rufen deswegen direkt zum Verzicht auf: Einem „Zeitalter des Exzesses" müsse eines der Bescheidenheit folgen, glaubt der Theologe und Soziologe Wolfgang Sachs vom Wuppertal Institut für Klima, Umwelt und Energie. Der Politologe Thomas Homer-Dixon, der wie Sachs dem „Club of Rome" angehört, beklagt die unter Ökonomen verbreitete Illusion, dass durch Innovationen die Umweltverschmutzung und der Rohstoffverbrauch abnehmen werde, wenn die Wirtschaft weiter wachse. Tatsächlich seien aber die zerstörerischen Folgen der Expansion sichtbarer geworden durch „End-of-pipe"-Investitionen, die im Nachhinein die augenfälligsten Schäden abmildern oder in eine ferne Zukunft auslagern.

VERBESSERUNG DER QUALITÄT

Die Überlegungen der Kritiker sind nachzuvollziehen und verständlich. Natürlich müssen wir viel stärker das Füllhorn der Schöpfung in das Zentrum unseres Denkens und Wirtschaftens stellen. Wir müssen es in manchen Bereichen und Branchen sogar komplett wieder entdecken. Doch wir müssen auch realistisch bleibenbleiben und nichts überstürzen. Wie nämlich eine nicht mehr expandierende, sich in die Grenzen der Natur fügende Wirtschaft

Nachhaltiges Wachstum ermöglicht die Verbesserung von Qualitätsstandards

funktionieren könnte, erfährt man bei den Kritikern nicht. Die meisten argumentieren in Kategorien der Kultur und gesellschaftlichen Normen. Wie Markt und Wettbewerb und vor allem der Erwerbsbetrieb der Menschen in die von vielen gewünschte Verzichtkultur eingebettet werden könnte – davon ist fast nie die Rede. „Das Verhältnis von Wachstum und Nachhaltigkeit ist eine der zentralen unbeantworteten Fragen der Wirtschaftswissenschaft", sagt Henrik Enderlein, Professor für Politische Ökonomie an der Hertie School of Governance, der auch in der Enquete-Kommission „Wachstum, Wohlstand, Lebensqualität" des Bundestages mitarbeitet. „Bislang ist es uns noch nicht gelungen, die Ressourcen in die Theorie zu integrieren, die per se begrenzt sind", fügt Professor Enderlein hinzu.

Nun zielt aber ein großer Teil der Wachstumskritik vor allem auf eine bestimmte Art von Wachstum, nämlich das quantitative Wachstum. Dieses Wachstum ist aber im Durchschnitt der hochentwickelten Industrienationen passé. Wertschöpfung bedeutet heute Verbesserung der Qualität. Technischer Fortschritt setzt Wachstum voraus. Denn nur, wenn Unternehmen wachsen und Gewinne erzielen, können sie in Forschung und Entwicklung investieren. Unser Leben und Wirtschaften ist durch konstanten Wandel und Erneuerung beeinflusst. Wir brauchen Wachstum, weil die Welt nicht fertig ist – und nie fertig sein wird.

Eine grundsätzliche Verteufelung des Wachstums ist also wenig zielführend. Auch die populäre These, ein sogenanntes Nullwachstum zu realisieren, die mittlerweile auch aus konservativen Kreisen zu hören ist, klingt doch recht unrealistisch. Die Idee: Einige Branchen sollen wachsen, andere schrumpfen, sodass die Wirtschaftsleistung insgesamt konstant bleibt; der Wohlstand würde dann wachsen, wenn einige Branchen stärker werden und andere, die vermeintlich oder tatsächlich nicht zum allgemeinen Wohlstand beitragen, nach und nach verschwinden.
Die Historie hat aber gezeigt, dass alle Versuche, Wohlstand ohne Wachstum zu erreichen oder gar zu mehren oder die Gewinne aus Wachstum über ein gewisses, allgemein akzeptiertes Maß hinaus umzuverteilen, immer in Misserfolge, teils sogar in Katastrophen mündeten.

PARADIGMENWECHSEL – CHANCEN STATT GRENZEN

Die Alternative zum Wachstum kann nicht heißen: langsamer wachsen, um weniger Ressourcen zu verbrauchen. Wir würden damit doch nur das Ende endlicher Ressourcen hinauszögern. Auch die Frage vieler, zurecht besorgter Menschen, ob unsere Wirtschaft ewig wachsen kann, ist müßig zu beantworten. Die Ressourcen unserer Erde sind auf Dauer beschränkt. Sind wir Menschen aber deswegen wirklich bereit Abstriche zu machen? Wollen wir weniger konsumieren und geringere Einkommen erzielen? Der Sozialwissenschaftler Meinhard Miegel, der dem Wirtschaftswachstum eine klare Absage erteilt, hat vorgerechnet, dass sich zu einem Einkommensverzicht „in Deutschland ganze zwei Prozent bequemen" könnten. Die Gesellschaft wünscht sich und strebt nach Veränderungen und Verbesserungen. Gegen diesen menschlichen Drang anzugehen, wird kaum gelingen. Ob die Wirtschaft ewig wächst, wird also die zukünftige Geschichte der Menschheit zeigen müssen. Für uns heute stellen sich daher zwei andere Fragen: Welches Wachstum brauchen wir und wie gestalten wir dieses Wachstum.

Wir brauchen Wohlstand und Gewinne, um uns die Möglichkeit zu erhalten, innovative Umwelttechniken zu entwickeln. Gerade weil die natürlichen Ressourcen unserer Erde zur Neige gehen, sind wir auf diese neuen Techniken angewiesen. Wir brauchen Wachstum, um einen neuen Ressourceneinsatz zu ermöglichen. Wir machen einen großen Fehler, wenn wir immer nur die Grenzen des Wachstums sehen. Wir müssen endlich anfangen, die Chancen des Wachstums zu begreifen.

Wachstum ermöglicht Wohlstand. Und steigender Wohlstand verbessert nicht nur die Lebensumstände einzelner Menschen, sondern ganzer Gesellschaften. „Wohlstand befördert Toleranz und Offenheit, soziale Mobilität, demokratisches Denken", ist auch das Urteil des Harvard-Ökonomen Benjamin Friedman.

Auch in den aufstrebenden Schwellenländern Asiens stellt sich die Frage nach gerechtem Wachstum

Wenn wir heute über Chancen des Wachstums sprechen, müssen wir verschiedene Perspektiven berücksichtigen. Zum einen das Wachstum in den jeweiligen Industrieländern wie Deutschland, zum anderen in den kommenden führenden Industrienationen wie China und Indien und zum dritten in den Entwicklungsländern Afrikas, Asiens und Südamerikas. Wir brauchen dort überall Wachstum, aber mit dem richtigen Maß. Es geht nicht um Wachstum um jeden Preis. Es kann nicht das Ziel sein, Wachstum auf Kosten von unmenschlichen Arbeitsbedingungen in Niedriglohnländern zu errechen. Auch grenzt es an Ausbeutung, wenn in den Industrieländern für Vollzeit mancherorts Löhne unter Sozialhilfeniveau gezahlt werden. Es geht um die Frage eines gerechten Wachstums und einer gerechten Profitabilität. Es geht um Wachstum mit Vernunft.

SCHUTZ VON RESSOURCEN UND UMWELT

Es geht um nachhaltiges Wachstum. Wer heute nicht erneuerbare Ressourcen bis an die Grenzen des technisch und finanziell Machbaren nutzt, wird morgen mit Knappheit und steigenden Preisen konfrontiert. Unsere knappen Rohstoffe sind eine Chance für Erneuerung. Sie stellen einen entscheidenden Wachstumshebel dar, denn sie beflügeln unsere Fähigkeit zu denken und zwingen uns zu Innovationen. Auch in Deutschland werden die sich aus den drohenden Umweltrisiken ergebenden ökonomisch-ökologischen Chancen, also zum Beispiel der Absatz deutscher Umwelttechnologien, immer noch unterschätzt. Die deutschen Unternehmen haben das Know-how und die Möglichkeiten. Denn endliche Ressourcen lassen sich nur durch infrastrukturelle und technisch neue Baupläne unseres Wirtschaftens

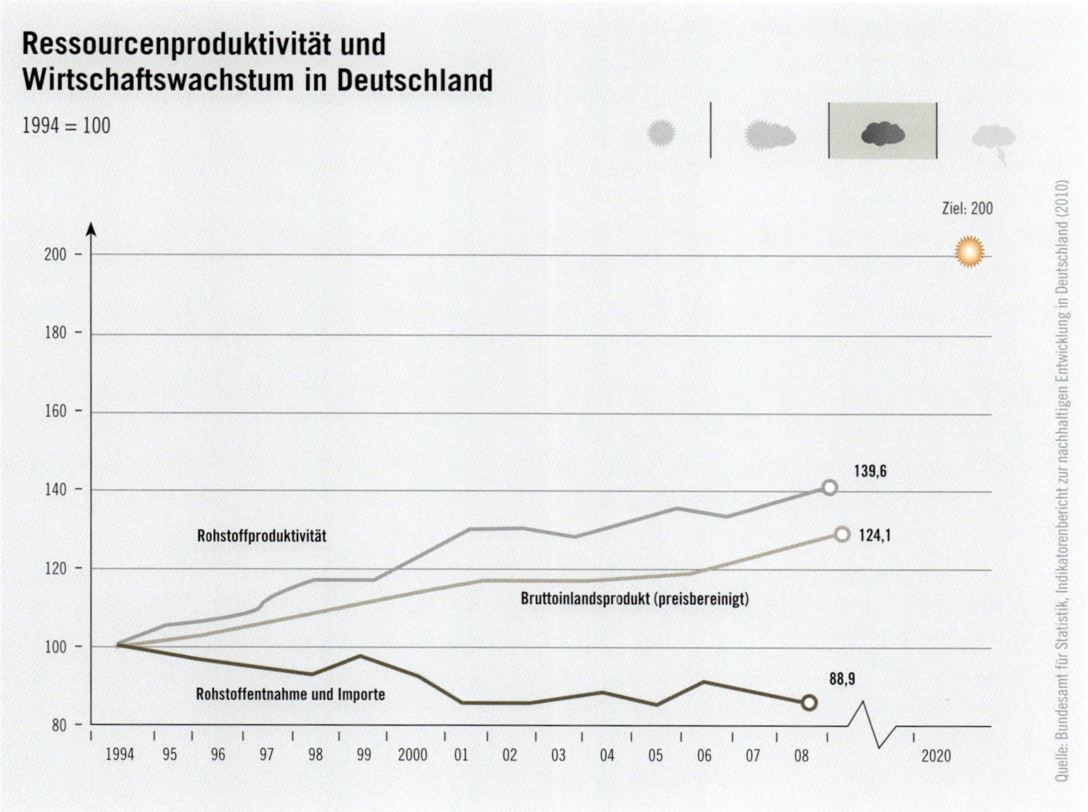

Abbildung 3

auffangen: mit grünen Energien, technisch perfektionierten Wasserstoffspeichern, energieeffizienten Automatisierungen, infrastrukturell cleveren und sich mit Energie selbst versorgenden Städten, durch Strom oder Brennstoffzellen angetriebenen Fahrzeugen, intelligenten Mobilitätskonzepten oder auch ressourcenschonenenden Produktionsverfahren.

In der Bundesrepublik leben wir schon länger in einer Welt des qualitativen Wachstums. Und wir werden uns noch verbessern – das zeigt nicht nur die aktuelle Klimapolitik, das machen bereits viele Unternehmen in Deutschland vor, die sich nicht nur zum nachhaltigen Wirtschaften verpflichten, sondern darin auch die Innovationsfelder der Zukunft sehen und finden. Deutschland ist ein Land mit steigender Rohstoffproduktivität. Es gelingt immer besser, Autos, Kunststoffe oder Maschinen mit weniger Materialien herzustellen. Die gesamtwirtschaftliche Rohstoffproduktivität ist heute weit über 35 Prozent höher als 1994. Dem neuen Indikatorenbericht zur nachhaltigen Entwicklung des Statistischen Bundesamtes (destatis) zufolge wird sich die Rohstoffproduktivität von 1994 bis zum Jahr 2020 verdoppeln – vielleicht eine etwas zu optimistische Sicht. Denn um das zu erreichen, muss sich das Entwicklungstempo des Rohstoffindikators in Zukunft gegenüber den letzten Jahren noch deutlich steigern.

Wachstum ist gut, wenn der Anteil Ressourcen schonender Technik zunimmt. Gelingt dies, wird allmählich auch die Frage nach Wachstum nicht mehr mit der Thematik um Umweltverschmutzung oder Ressourcenverbrauch in Verbindung gebracht werden müssen.

GLOBALE DYNAMIK

Wir müssen zwischen verschiedenen Arten von Wachstum unterscheiden – auf nationaler und globaler Ebene. In der Bundesrepublik ist der gesellschaftliche Wandel offensichtlich. Mit zunehmendem Wohlstand messen die Deutschen der Umwelt und Natur in ihrer Umgebung einen viel größeren Wert bei als früher. Sie sind heute sogar bereit, mehr dafür zu zahlen – sei es über höhere Preise für Biolebensmittel oder kompostierbare Verpackungen, Böden oder Möbel, sei es über höhere Steuern für staatlich finanzierten Umweltschutz. Das Wachstum selbst sorgt also bei den Verbrauchern für eine zunehmende Bereitschaft, die Qualität der Umwelt verbessern zu wollen.

Wir müssen aber auch die globale Dynamik berücksichtigen. Es muss noch besser gelingen, zwischen den Ländern der verarbeitenden Industrie und den Ländern der Rohstofflieferanten einen Handel zu ermöglichen, der nicht Ausbeutung und soziale Ungerechtigkeiten zur Folge hat. Wachstum kann und muss sozial sein und die Teilhabe vieler am Wohlstand sichern. Wir müssen an den richtigen Rahmenbedingungen für nachhaltiges, industriell getriebenes Wachstum arbeiten – durch freien Welthandel, fairen Zugang zu Rohstoffen, Schutz des geistigen Eigentums und vor allem endlich strengere Regulierung der Finanzmärkte.

Extrakosten für kompostierbare Verpackungen und höhere Preise für Biolebensmittel nehmen viele Verbraucher in Kauf

Auch können wir grundsätzlich nicht den Entwicklungs- und Schwellenländern den Wachstumsweg verwehren, den wir selbst in den vergangenen Jahrzehnten ungehindert gehen durften. Entwicklungs- und Schwellenländer streben nach materiellem Wohlstand, wollen zu den Industrienationen aufschließen und sie – wie China es zeigt – überholen. Viele Länder sind im internationalen Vergleich noch so arm, dass die Bevölkerung die durch Wachstum entstehenden Umweltbelastungen und die Schäden der fernen Zukunft als unerheblich ansieht angesichts der Aussicht, in den kommen Jahren endlich Wohlstand und soziale Sicherheit zu erlangen. „In vielen dieser Länder sieht es so aus wie in Europa vor 60 Jahren. Dort gibt es einen hohen Nachholbedarf an Infrastruktur, Energieversorgung, regionaler Integration und in der Entwicklung des privaten Sektors", betont auch Weltbankpräsident Robert Zoellick.

Uns muss klar sein: Diese Länder werden vorerst nicht bereit sein, substanzielle Abstriche von ihren Gewinnen hinzunehmen. Dies ist aus ihrer Sicht absolut nachvollziehbar. Und es muss uns auch nicht wundern, dass alle internationalen Bemühungen um den Klimaschutz kaum gelingen. Mehr als die Hälfte der Weltbevölkerung, die sich jetzt und heute Wohlstand wünscht, leben in Ländern wie Brasilien, China, Indien oder Indonesien, also Nationen, ohne deren Teilnahme der Weg zum Klimaschutz unmöglich ist – da kann Deutschland heute engagiert und vorbildhaft sein, wie es will. Der globale Durchbruch in der Klimapolitik wird deshalb leider auf sich warten lassen.

Wir dürfen deswegen aber nicht mit Arroganz auftreten. Wir brauchen Geduld. Wenn wir dazu beitragen wollen, auch in den Entwicklungs- und Schwellenländern für ein umweltverträgliches Wachstum zu sorgen, müssen wir unser Engagement mit den Zielen der Armutsbekämpfung in Einklang bringen. Das heißt, die Industrienationen müssen helfen, zum Beispiel effizientere Wasser-, Energie- und Verkehrsinfrastrukturen zu verträglichen Preisen und Kosten bereitzustellen und bessere Technologien anzubieten, die zu Kostensenkung und Produktivitätssteigerung beitragen können und zugleich Umweltbelastungen verringern helfen.

Ein Bewusstsein für Klima und Umwelt, wie es in Deutschland in den siebziger und frühen achtziger Jahren aufkam, wird sich in den Entwicklungs- und Schwellenländern möglicherweise früher entwickeln, als wir heute glauben. Beim derzeitigen Wachstumstempo der Entwicklungsländer ist dies schon in 20 Jahren der Fall. Das wäre schnell, denn Deutschland beispielsweise hat für diesen Bewusstseinswandel seit der Industrialisierung rund vier Generationen gebraucht. Wachstum und damit auch der Wandel sind in den neuen Marktwirtschaften eben schneller als in Zeiten der amerikanischen Pioniere und europäischen Industriearbeiter.

Doch auch die Industrienationen brauchen weiter verträgliches Wachstum. Die großen Volkswirtschaften Europas streben nach geringerer Arbeitslosigkeit durch mehr Aufträge und Beschäftigung, nicht zuletzt auch zur Gewährleistung des sozialen Friedens. Sie müssen dem Wettbewerb standhalten. Würden sie ihre Wachstumsambitionen zurücknehmen, unterlägen sie im Wettbewerb – mit unabsehbaren Folgen für unseren Wohlstand, für die geopolitische Stabilität aber auch im Kampf für Natur und Umwelt.

WACHSTUM UND SEINE SOZIALE DIMENSION

Der Wachstumsbegriff muss heute den Nachhaltigkeitsgedanken in sich tragen. Wirtschaften bedeutet, mit Knappheit umzugehen. Und die knappen Ressourcen müssen so eingesetzt werden, dass sie größtmöglichen Ertrag bringen. Eine Gesellschaft wirtschaftet erst dann nachhaltig, wenn die jetzige Generation ihre Bedürfnisse befriedigt, ohne die Möglichkeiten künftiger Generationen zu gefährden. Nachhaltigkeit ist eben auch Generationengerechtigkeit. Es darf nicht mehr allein um ökonomische Wachstumsgrößen und die Messung des Lebens nach dem Bruttosozialprodukt gehen, sondern um ein Wachstum, das nachhaltigen Wohlstand – also Gesundheit, soziale Sicherheit, schonenden Umgang mit Rohstoffen – sichert. Lebensqualität ist mit unserem Denken und Messen von Wachstum und Fortschritt eng verbunden. Auch für Ludwig Erhard war Wohlstand eine Grundlage – nicht aber das Leitbild der Lebensgestaltung. Wir brauchen deswegen kein Streben nach kurzfristigen Erfolgen und persönlichem Reichtum, wir brauchen eine Art Handwerkskultur für unser Wirtschaften, ein Denken und Umsetzen, das den Wunsch, etwas Dauerhaftes, Bleibendes und Nachhaltiges zu schaffen, zum Ziel hat. Wir benötigen ein ökonomisches System, das natürliches und soziales Kapital angemessen einbezieht. Es muss genügend Arbeitsplätze schaffen und ein angemessenes Einkommen für alle ermöglichen. Wichtig für diesen Wandel ist die richtige Balance zwischen der Rolle des Marktes zur Stimulierung von Innovation, nachhaltigem Verbrauch von Ressourcen und der Rolle der Regierung als Verwalterin gemeinsamer Interessen.

Mehr Miteinander zwischen den Generationen schafft Bewusstsein für Generationengerechtigkeit

In Deutschland ist die Ordnung der Freiheit, wie wir sie durch die Soziale Marktwirtschaft erleben, ein Garant für unsere Zukunft. Die Soziale Marktwirtschaft ermöglicht die marktwirtschaftliche Wettbewerbsordnung. Innerhalb dieses Systems müssen wir aber auch der Forderung nach verantwortbarem Wachstum gerecht werden. Deswegen muss sich die Soziale Marktwirtschaft weiterentwickeln. Sie muss die Aspekte Teilhabe und Leistungsgerechtigkeit vereinen. Und sie muss die wirtschaftliche Dynamik und den Fortschritt mit sozialem Ausgleich und der Forderung nach fiskalischer und ökologischer Nachhaltigkeit verbinden.

BILDUNG UND QUALIFIKATION

Wir benötigen intelligente Konzepte von Arbeit und Bildung. Die Regierungen müssen dafür sorgen, dass die Menschen Möglichkeiten und Fähigkeiten erhalten, einer sinnvollen Beschäftigung nachgehen zu können. Die Frage der sinnstiftenden Beschäftigung ist für den Erfolg und die soziale Sicherheit einer Gesellschaft eine der wichtigsten Fragen

Bildung ist der Schlüssel zu Integration

überhaupt. Menschen brauchen eine Aufgabe und ein Einkommen, mit dem sie ihre Grundbedürfnisse befriedigen können. Die Wirtschaft eines jeden Landes muss deswegen Arbeitsplätze und Einkommen für möglichst alle Bürger schaffen können. Wenn wir dieses Problem nicht rechtzeitig lösen können, ist die Gefahr groß, dass wir – angesichts von allein einer Milliarde Unterbeschäftigten weltweit – verstärkt soziale Unruhen und ein Wachsen der radikalen Parteien zugunsten von Islamismus und Faschismus erleben werden. In Deutschland waren Legitimität und Attraktivität der Sozialen Marktwirtschaft immer mit dem Aufstiegsversprechen verbunden, dass Leistung sich lohnt. Dieses Versprechen müssen wir erneuern. Vor allem auch für Menschen mit Migrationshintergrund. Um dem Druck des internationalen Wettbewerbs standhalten und ihm die Stirn bieten zu können, müssen wir unsere Qualifizierung stärken und in Bildung investieren. Fast ein Drittel der gesamtwirtschaftlichen Leistung wenden wir in Deutschland für staatliche Sozialleistungen auf. Für Bildung sind es gerade einmal sechs Prozent. Es gilt, diesen Zustand entscheidend zu verändern. Über die Aufstockung wird zwar in der Regierung gesprochen, doch wir müssen endlich handeln. Die Koalition will die Bildungsausgaben bis zum Ende der Legislaturperiode auf ein Zehntel des Bruttoinlandsprodukts erhöhen. Ein gutes Ziel. Aber angesichts der enormen zukünftigen Aufgabe immer noch zu wenig.

Bildung ist ein absolutes Kriterium der Nachhaltigkeit, das sich auf die Wirtschaftsleistung eines Landes niederschlägt. So haben die Analysten der Münchener Ratingagentur Oekom Research im Auftrag der WirtschaftsWoche eine Liste der 52 größten Industrienationen und Schwellenländer, die mehr als 90 Prozent aller Staatspapiere weltweit ausgeben, erstellt und geprüft, wie nachhaltig diese Länder wirtschaften. Sieger wurde Norwegen, gefolgt von Schweden und Finnland. Deutschland kommt auf Position sechs. Auf den vorderen Plätzen liegen damit Länder, die gestärkt aus der zurückliegenden Finanzkrise hervorgegangen sind und ihre Haushalte solide führen. Wie bei Unternehmen zeigt sich also auch bei Staaten, dass sich Investitionen in Bildung und Umweltschutz, Korruptionsbekämpfung sowie Einhaltung von Arbeitnehmer- und Menschenrechten sehr effektiv auf die Wirtschaftsleistung auswirken. Dass Deutschland es nicht unter die ersten drei geschafft hat, liegt den Oekom-Forschern zufolge daran, dass zu wenig in Bildung und Forschung investiert wird. Ebenso nachteilig: Die Defizite bei der Familienförderung und der Gleichstellung von Mann und Frau.

VERANTWORTUNG UND FREIHEIT

Wir brauchen also eine ökologisch gestaltende Ordnungspolitik, die Umweltschutz und Ressourcenschonung zum wirtschaftlichen Eigeninteresse von Unternehmen und Bürgern macht. Unser wirtschaftliches Denken und Handeln muss einer Ethik der Sozialen, nachhaltig und global verpflichteten Marktwirtschaft Rechnung tragen – ein Handeln, das zwischen wirtschaftlichem Erfolg und sozialem Ausgleich die Balance hält. Eine erneuerte Soziale Marktwirtschaft schließt die Schonung der natürlichen Lebensgrundlagen mit ein. Sie darf nicht die lineare Fortschreibung des deutschen Nachkriegsmodells sein, sondern muss offen sein für eine weiträumige Perspektive, in der es nicht um links oder rechts, Kommune oder Land geht, sondern um eine langfristige globale Strategie, die sich an den Grundsätzen der Menschlichkeit und Gerechtigkeit orientiert.

Auch haben wir gerade in Deutschland als Vorreiter einer nachhaltigen Wirtschaft die Pflicht, generell unser Konsumverhalten zu überdenken und Versuche anzustrengen, es im Laufe der nächsten Jahre zu verändern. Wir alle in Europa sollten diese Rolle annehmen – in Verantwortung für eine zukünftige globale Entwicklung. Einen verbindlichen Schritt hat im Oktober 2011 EU-Umweltkommissar Janez Potocnik unternommen: Er stellte eine langfristige Strategie vor, mit der bis 2050 die Europäische Union auf ressourceneffizientes Wachstum ausgerichtet werden soll. Der ehrgeizige Plan sieht vor, schon bis 2020 das Wirtschaftswachstum von der Ressourcennutzung in Europa abzukoppeln. Dieser Plan verdient höchste Aufmerksamkeit und volle Unterstützung. Potocnik plant, das Konsumverhalten über die Förderung von Ökodesign und Ökolabeln, aber auch mittels entsprechender öffentlicher Auftragsvergabe zu verändern. Dieses soll teilweise freiwillig erfolgen, teilweise verbindlich festgelegt werden. Zu den vorgeschlagenen Maßnahmen für eine Umgestaltung von Produktion und Verbrauch gehören Anreize für Investoren zur Förderung umweltfreundlicher Innovationen. Die Regierungen Europas sollen dazu beitragen, dass die Besteuerung vom Faktor Arbeit auf Umweltverschmutzung und Ressourcenverbrauch verlagert wird. Verbraucher erhalten dann neue Anreize für den Umstieg auf ressourcenschonende Produkte und auch grundsätzlich mehr Informationen über Materialen. Viele Konsumenten nämlich wissen

Welchen ökologischen Fußabdruck hinterlässt zum Beispiel dieses Plastikspielzeug?

über den Materialeinsatz in der Produktion wenig. Hinweise darüber, welchen Schaden ihre neu erworbenen technischen Geräte, Hosen oder Spielzeuge der Erde zufügen, erhalten sie in der Regel nicht. Wird die Fabrik, in der das Handy angefertigt wurde, mit Strom aus Kohle oder Windenergie betrieben? Enthält die Bluse toxische Farbstoffe?

DEMUT VOR DEN KOMMENDEN GENERATIONEN

Ein Wechsel des Konsumverhaltens wird nicht über Nacht funktionieren. Er wird Jahre dauern. Die Politik ist ebenso wie die Medien gefordert. Aber auch jeder Einzelne. Wir werden als Ausgleich für unsere alte verschwenderische Verbraucherkultur in unserem neuen Konsumverhalten für die Produkte wohl auch mehr bezahlen müssen. Denn die Preise für Hemden, Herd und Hosen, so wünscht es die EU, sollen zukünftig so angepasst sein, dass sie „die wahren Kosten des Ressourcenverbrauchs", vor allem in Bezug auf Umwelt und Gesundheit, widerspiegeln. 2013 sollen sich die Mitgliedsstaaten auf dieses Vorgehen verständigen. Man kann nur auf zügige Umsetzung in nationales Recht hoffen.

Wir tragen Verantwortung: Um langfristiges Wachstum sicherzustellen, müssen die natürlichen Ressourcen dauerhaft vorhanden sein. Ökologische Nachhaltigkeit ist Voraussetzung für ökonomische Nachhaltigkeit. Die Umwelt muss auf eine Art und Weise behandelt werden, welche ihren biophysischen und ökonomischen Wert reflektiert.

Das Projekt, das vor uns steht, ist groß. In Deutschland ist bereits vieles in Angriff genommen. Das ist eine gute Entwicklung. Deutschland hat im Gegensatz zu vielen anderen Ländern unserer Erde einen großen Vorteil: Es besitzt soziale Sicherheit und damit eine wirtschaftliche Leistungsfähigkeit. Das System der Sozialen Marktwirtschaft hält alle Möglichkeiten bereit, den ökologischen und sozialen Herausforderungen zu begegnen.

Doch wir brauchen auch weltweit einen Wandel. Es gibt dazu keine Alternative. Innovation in Technologie und Kommunikation, ein höheres allgemeines Ausbildungsniveau, weltweit größere demokratische Freiheit, Toleranz, internationale Verständigung und das wachsende Leistungsvermögen von Organisationen und sozialen Institutionen können diesen Wandel unterstützen. Er wird vieles mit sich bringen, was wir heute noch nicht absehen können. Doch ich bin überzeugt: Die Welt von morgen kann ein sicherer und stabilerer Ort sein als die Welt von heute. Wir besitzen die Möglichkeiten, Hilfsmittel, Wissenschaft und Technologie. Ob wir es schaffen, die aktuelle Krise zu überwinden und uns hin zu einer besseren Welt zu bewegen, wird von jedem Einzelnen von uns und von den Maßnahmen, die wir gemeinsam ergreifen, abhängen. Wir müssen uns noch stärker von Egoismen befreien und uns fragen, wie die Welt, die wir hinterlassen, eingerichtet ist. Wachstum mit Verantwortung sind wir vor allem denen schuldig, die nach uns kommen. Ein Leben in Verantwortung für sich und die Umwelt zu führen, erhöht nicht nur die Intensität des Lebens, sondern macht uns auch der Tatsache bewusst, dass die Ressourcen unserer Erde nicht nur Material für unser persönliches kurzlebiges Glück sind, sondern dass die Erde insgesamt unseren Respekt fordert und wir ihren Weisungen folgen sollten.

LITERATUR

Weder di Mauro, Beatrice (Hrsg.) (2007): Chancen des Wachstums – Globale Perspektiven für den Wohlstand von morgen, Frankfurt.

Jackson, Tim (2011): Wohlstand ohne Wachstum – Leben und Wirtschaften in einer endlichen Welt, München.

Johnson, Ian (2011): The Club of Rome, Fundraising Brochure.

Miegel, Meinhard (2010): Exit – Wohlstand ohne Wachstum, Berlin.

Rifkin, Jeremy (2011): Die dritte industrielle Revolution – Die Zukunft der Wirtschaft nach dem Atomzeitalter, Berlin.

Schor, Juliet (2010): True Wealth, New York.

Stieglitz, Joseph (2010): Vom Versagen der Märkte zur Neuordnung der Weltwirtschaft, München.

5. Die Grüne Marktwirtschaft – Wege zum nachhaltigen Wachstum

Kerstin Andreae

VITA

Kerstin Andreae, geb. 1968 in Schramberg im Schwarzwald, studierte an der Albert-Ludwigs-Universität in Freiburg Politische Wissenschaft und Volkswirtschaftslehre und machte 1996 ihren Abschluss als Diplom-Volkswirtin.

Nach ihrem Studium war sie u. a. als Projektmanagerin beim Sozialwissenschaftlichen Frauenforschungsinstitut der Evangelischen Fachhochschule Freiburg tätig sowie als Assistentin bei einem Projektentwickler im Bereich erneuerbarer Energien.

Seit 2002 ist Kerstin Andreae Mitglied des Deutschen Bundestages und dort Obfrau im Ausschuss für Wirtschaft und Technik. Vom Februar 2011 bis März 2012 war sie Obfrau in der Enquete-Kommission „Wachstum, Wohlstand, Lebensqualität". Die Bundestagsfraktion von Bündnis 90/Die Grünen wählte sie 2007 zur Sprecherin für Wirtschaftspolitik. Seit März 2012 ist sie stellvertretende Vorsitzende der Bundestagsfraktion. Darüber hinaus ist sie im Beirat der Bundesnetzagentur, im Beirat für Außenwirtschaft im Bundeswirtschaftsministerium sowie Mitglied der Europäischen Akademie für Frauen in Politik und Wirtschaft.

INHALT

NACH ÜBER 60 JAHREN STEHT DIE SOZIALE MARKTWIRTSCHAFT VOR IHRER VIELLEICHT GRÖSSTEN HERAUSFORDERUNG

„Seit rund sechzig Jahren ist die Soziale Marktwirtschaft ein Garant für Wohlstand und soziale Stabilität in Deutschland. Insbesondere in der Phase des Wiederaufbaus nach dem Zweiten Weltkrieg erwiesen sich die Rahmenbedingungen dieser Wirtschaftskonzeption, welche vor allem auf das Engagement und die Leistungsbereitschaft des Einzelnen setzte, als Erfolgsrezept. Möglich war dies durch die Sicherung ordnungspolitischer Grundprinzipien wie Privateigentum und freier Marktzugang. Die Soziale Marktwirtschaft ebnete einen dritten Weg zwischen unbeschränkter Freiheit (zu wenig Staat) und zentraler Planung (zu viel Staat)."

So oder ähnlich könnte der Text in einem Lehrbuch der Wirtschaftswissenschaften lauten. Doch die Vorzüge der Sozialen Marktwirtschaft sind nicht länger unumstritten. Unser Wirtschaftssystem steht heute vor seiner vielleicht größten Herausforderung. Es gilt nachzuweisen, dass sich die Soziale Marktwirtschaft durch Reformen erneuern kann und dass sie Lösungskompetenzen für die Anforderungen des 21. Jahrhunderts aufweist.

Die Soziale Marktwirtschaft muss ihre Anpassungsfähigkeit unter Beweis stellen

Die ökologische Krise läutet das Ende des fossilen Zeitalters ein

In den letzten Jahrzehnten haben wir einiges hinzulernen können. So zeigt sich vor allem im Hinblick auf den Umgang des Menschen mit der Natur eine inhärente Zerstörungstendenz einer auf billig verfügbaren Ressourcen beruhenden Wirtschaftsordnung. Mit unserem stetig verbesserten wissenschaftlichen Kenntnisstand sind wir heute zudem eher in der Lage, die ganze Bandbreite menschlicher Umwelteinwirkungen in ihrem Ausmaß abzuschätzen. Dass dabei der Klimawandel eine Folge unserer Art zu leben und zu wirtschaften ist, stellt niemand mehr ernsthaft in Frage.

Getan wurde allerdings nicht genug. Die weltweiten Kohlendioxidemissionen sind im Jahr 2010 so stark gestiegen wie noch nie zuvor. Wenn es der Menschheit gelingen soll, die Erderwärmung wirkungsvoll (d. h. auf unter 2 °C im Vergleich zu vorindustriellen Zeiten) zu begrenzen, dann müssen die Industrieländer bis 2050 rund 90 Prozent ihrer bisherigen Treibhausgasemissionen einsparen. Unsere Gesellschaft muss sich von einer ihrer wichtigsten Energiequellen und einem der wichtigsten Rohstoffe – dem Öl – unabhängig machen. Wir stehen vor einer dritten industriellen Revolution. Energieversorgung, Unternehmen und Verkehr müssen nahezu vollständig von fossiler Energie entkoppelt werden. Welch gigantische Aufgabe! Wenn wir uns ihr nicht stellen, dann werden wir die Umwelt und damit unsere eigene Lebensgrundlage dauerhaft und unumkehrbar beschädigen.

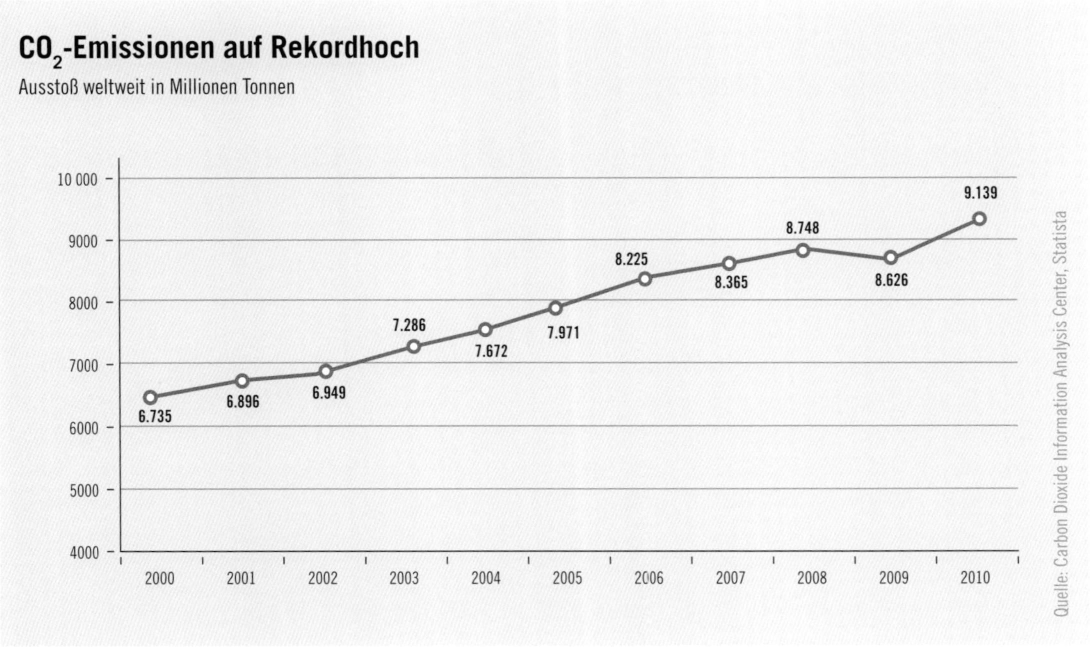

Abbildung 1

Ein ökologischer Ordnungsrahmen schützt gegen Marktversagen

Das Versagen der Märkte stellt die Wirtschaftspolitik vor die Aufgabe, einen ökologischen Regulierungsrahmen zu entwerfen

Ökologische Verantwortung ist offensichtlich keine Eigenschaft eines marktwirtschaftlichen Modells an sich. Der Klimawandel ist die Folge des größten Marktversagens, welches die Weltgemeinschaft je in Kauf genommen hat (vgl. Stern 2006). Es ist dieses Versagen der Märkte selbst, das die Wirtschaftspolitik jetzt vor die Aufgabe stellt, dem Marktprozess ökologische Leitplanken zu geben. Denn ohne staatliche Eingriffe „lohnt" sich umweltschonendes Verhalten für die Wirtschaftssubjekte nicht. Die tatsächlichen Kosten der Schädigungen werden für den Verursacher nur selten wirklich sichtbar und er wird darüber hinaus auch nur selten dafür haftbar gemacht. Vermutlich hätten selbst die Gründerväter der Sozialen Marktwirtschaft, Ludwig Erhard und Walter Eucken, der ökologischen Nachhaltigkeit schon bei der Formulierung ihrer Grundsätze eine größere Bedeutung beigemessen – wäre ihnen die Übernutzung der Natur durch unsere Lebens- und Wirtschaftsweise in ähnlich drastischer Weise bekannt gewesen wie uns heutzutage. Dies gilt es heute nachzuholen.

Die soziale Krise stellt das Wachstumsversprechen infrage

Doch auch in anderer Hinsicht haben sich die Rahmenbedingungen der Sozialen Marktwirtschaft in den letzten Jahrzehnten verändert. So hat der Kern unserer Wirtschaftsordnung, das Postulat „Wohlstand für alle", an Glaubwürdigkeit verloren. Ein Blick auf die Entwicklung der Einkommensverteilung stellt zumindest für das letzte Jahrzehnt kein gutes Zeugnis aus: Die Schere zwischen Menschen mit sehr hohen Einkommen und der Bevölkerungsmehrheit, die nur kleine bis mittlere Einkommen erzielen, hat sich weiter geöffnet. Während die Unternehmens- und Vermögenseinkommen etwa seit dem Jahr 2000 fast durchgängig spürbar gestiegen sind, stagnierten die Realeinkommen aus abhängiger Beschäftigung und sind zeitweise sogar gefallen (vgl. Abbildung 2).

In den letzten zehn Jahren ist der inflationsbereinigte Reallohn in Deutschland um 4,5 Prozent gefallen (vgl. ILO 2010). Die daraus resultierende soziale Ungleichheit kann als Hinweis gesehen werden, warum das Vertrauen großer Bevölkerungsteile in unsere Wirtschaftsordnung schwindet. Die Politik muss sich eingestehen, dass sich das Wohlstandsversprechen der Sozialen Marktwirtschaft in der Krise befindet. Zudem verunsichert die wachsende soziale Ungleichheit weite Teile der Bevölkerung in ihrem Glauben, dass es ihren Kindern wirklich einmal besser gehen wird als ihnen selbst.

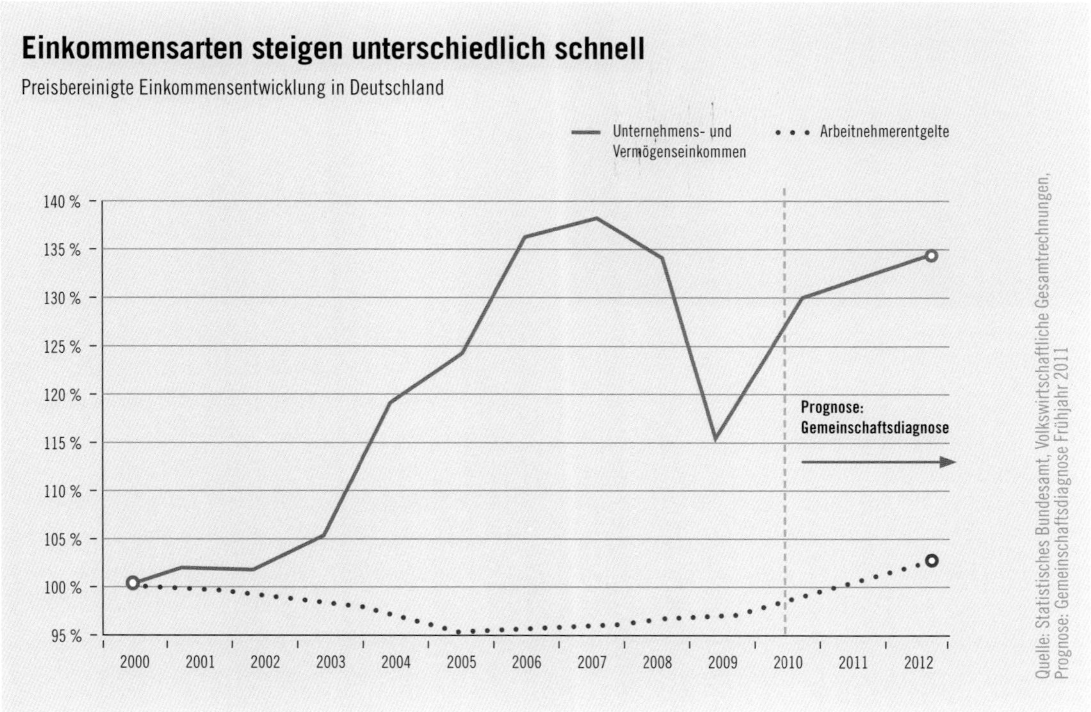

Abbildung 2

Die Verschuldungskrise erzwingt Prioritäten für Zukunftsinvestitionen

Die zu ungleiche Verteilung des Wohlstandes ist auch eine Erklärung für die derzeit alles beherrschende Krise der Staatshaushalte. So kommt etwa der amerikanische Ökonom Nouriel Roubini zu dem Ergebnis, dass die zunehmende Verschuldung des öffentlichen Sektors teilweise das Ergebnis von Ungleichheit ist (vgl. Roubini 2011). Dies ist aber nicht der einzige Grund, dass sich die Staatsverschuldung in Deutschland binnen nur 20 Jahren vervierfachte[1] und kürzlich die Zwei-Billionen-Euro-Grenze überschritten hat.

Über zwei Billionen Euro Staatsverschuldung zeigt die Schuldenuhr des Bundes der Steuerzahler

Seit den 70er Jahren gibt der Staat Jahr für Jahr mehr aus, als er einnimmt. Hier sind zwei Seiten einer Medaille zu betrachten. Die ständig steigenden Ausgaben auf der einen und die fehlenden Einnahmen auf der anderen Seite. Dabei ist die Neuverschuldung sogar noch schneller gewachsen als die jährliche Wertschöpfung, sodass wir heute eine Schuldenstandsquote von rund 80 Prozent des Bruttoinlandsproduktes (BIP) finanzieren müssen. Dies geht mit erheblichen Zinsänderungsrisiken einher. Schon geringfügige Zinserhöhungen bedeuten zusätzliche Milliardenbelastungen für die öffentlichen Haushalte.

Erst jetzt ist es gelungen, mit der Schuldenbremse ein stärkeres Instrument gegen die immer höhere Verschuldung der Haushalte von Bund und Ländern zu etablieren. Spätestens ab 2016, wenn die Schuldenbremse greift, wird das Wirtschaften auf Kosten der Zukunft ein Ende haben. Es wird höchste Zeit. Bereits heute sind 80 Prozent der Mittel des Staatshaushaltes nicht kurzfristig disponibel. Für effektive staatliche Gestaltungsinitiativen besteht unter diesem Vorzeichen nur ein beschränkter Spielraum. Geringer Spielraum, den es klug zu nutzen gilt – sowohl bei den Ausgaben als auch bei den Einnahmen.

Bei knappen Mitteln müssen wir den Fokus deshalb auf Investitionen in den künftigen Wohlstand richten, auf Investitionen, die eine Zukunftsrendite versprechen, z. B. die Bewältigung der Energiewende, Bildung und die Bekämpfung der sozialen Ungleichgewichte. Die Herausforderungen der Zukunft vor dem Hintergrund klammer Staatskassen erzwingen es, unbequeme Wahrheiten auszusprechen. Denn das bedeutet: Keine Steuersenkung auf Pump. Das bedeutet: Ausgaben gezielt begrenzen und Einnahmen sozial gerecht und ökologisch vernünftig verbessern.

Bundeshaushalt 2012: Zinsausgaben sind zweitgrößte Position

Ausgabevolumen: 306,0 Mrd. EUR

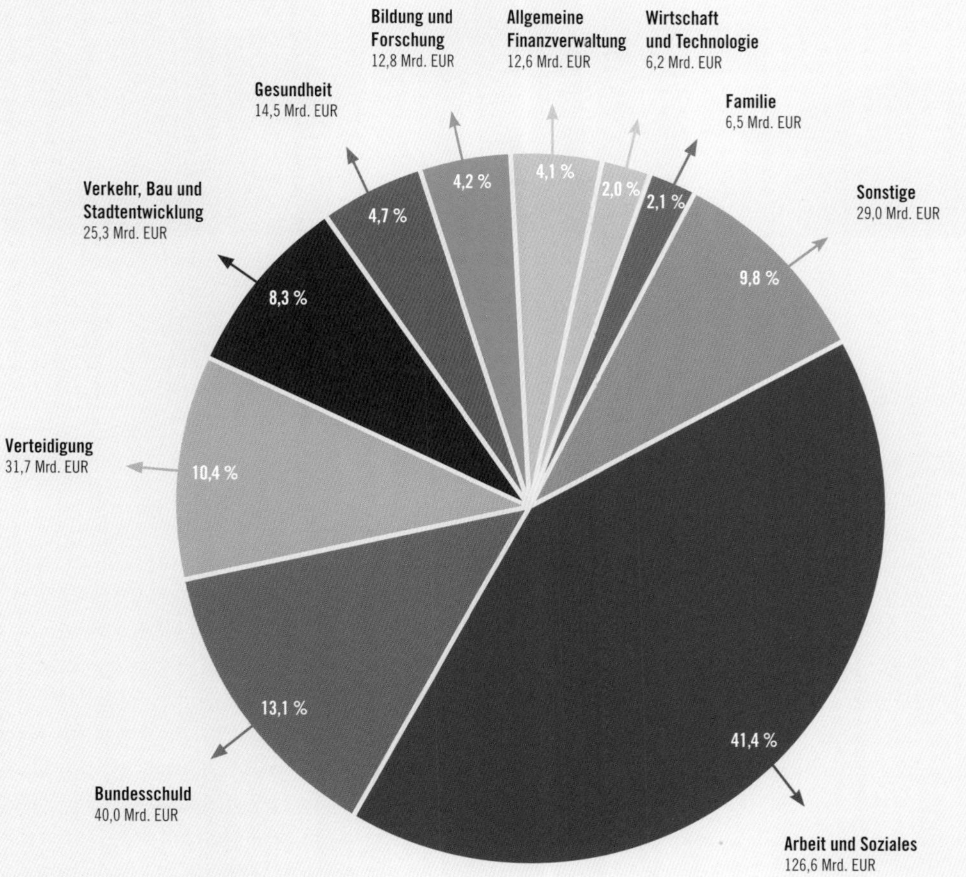

Zahlen wurden auf die erste Nachkommastelle gerundet. Abweichungen entstehen durch Rundungsdifferenzen.

Quelle: Bundesministerium der Finanzen

Abbildung 3

Umweltverschmutzung ist eines der fundamentalen Probleme unserer Zeit

Industrieländer müssen ihre Vorreiterrolle annehmen – sie bietet auch Chancen

Bei der Weiterentwicklung des Konzeptes der Sozialen Marktwirtschaft sind die Industrieländer in der historischen Verantwortung nachzuweisen, dass eine nachhaltige Wirtschafts- und Lebensweise machbar und erstrebenswert ist. Insbesondere im Hinblick auf die Bedürfnisse einer Welt mit nunmehr sieben Milliarden Menschen und rund neun Milliarden Menschen in rund 35 Jahren, gilt es auf all die brennenden Fragen eine Antwort zu formulieren. Umweltverschmutzung, Ressourcenverknappung, Ungleichheit und Staatsverschuldung sind fundamentale Ausgangsprobleme unserer Zeit. Wer hier Lösungen anbietet, wird auch in der sich verändernden Welt des 21. Jahrhunderts eine wichtige Rolle spielen.

Wir stehen heute vor der Aufgabe, unsere Wirtschaftsordnung so weiterzuentwickeln, dass Wirtschaft und Gesellschaft die skizzierten Herausforderungen des 21. Jahrhunderts bewältigen können. Dabei geht es nicht darum, ein paar Ökobausteine in die Soziale Marktwirtschaft zu integrieren, sondern um eine übergreifende Strategie, die den Menschen ein identitätsstiftendes Ziel gibt. Denn nicht die Politik ist der entscheidende Akteur für die Bewältigung des Wandels. Entscheidend ist die gesamte Gesellschaft, sind die Menschen dieses Landes.

DIE ANTWORT AUF DIESE NEUEN HERAUSFORDERUNGEN

LIEGT IN DER KONZEPTION EINER NEUEN, EINER ÖKOLOGISCHEN UND SOZIALEN MARKTWIRTSCHAFT, KURZ: DER GRÜNEN MARKTWIRTSCHAFT

Dieses Zukunftsbild fußt auf einer Wirtschaftsordnung, die kohlenstoffarm, ressourceneffizient und sozial gerecht ist und impliziert zugleich ein neues Wachstumsverständnis. Im Kern geht es um Leitideen für Politik, Wirtschaft und Lebensgestaltung, die nachhaltige Wirtschaftsweisen und Konsumstile begünstigen. So wird nachhaltiges Wachstum generiert, d. h. ein Wachstum, das nicht zu Lasten der Natur bzw. der Lebenswelt zukünftiger Generationen geht und einen gerechten sozialen Ausgleich ermöglicht.

Die ökologische Ausrichtung der Wirtschaft bietet Chancen über alle Wirtschaftsbereiche hinweg

Eine auf Nachhaltigkeit ausgerichtete Wachstumsstrategie ist eine Chance für den Hochtechnologiestandort Deutschland, der mit seinen international extrem wettbewerbsfähigen Unternehmen Arbeitsplätze für Millionen Menschen sichert. Denn wer heute eine Antwort auf Mobilitätsfragen gibt, die über das Elektromobil hinausgehen, hat die Nase vorn. Wer heute eine Kreislaufwirtschaft entwickelt, die sich auf intelligentes Produktdesign, Recycling und „Urban Mining" konzentriert, hat eine Antwort auf den Rohstoffhunger. Die Standortvoraussetzungen sind günstig: ein breiter Produktionsmix, die große Fertigungstiefe, technologische Vorsprünge und eine Mischung aus flexiblen Kleinunternehmen, einem dynamischen und starken Mittelstand sowie global operierenden Konzernen. All das hat Deutschland in den jüngsten Wirtschafts- und Finanzkrisen widerstandsfähiger gemacht als viele andere Volkswirtschaften. Basis ist unser Wissen und Know-how. Das Konzept der Grünen Marktwirtschaft unterstützt diese Resilienz aktiv. Dafür muss Deutschland zum Treiber beim Umstieg auf 100 Prozent erneuerbare Energien und auf Effizienztechnologien werden. Aber auch klassische Industriezweige, die das Rückgrat der Volkswirtschaft bilden, müssen mit ins Boot geholt werden. Von der Autobranche im Hinblick auf effiziente Mobilität bis hin zu den energieintensiven Industrien – denn auch ein Windrad wird aus Stahl gebaut.

Für mehr Wohlstand ist nicht die Höhe, sondern vor allem die soziale Qualität des Wachstums entscheidend. Ein neues Wohlstandsversprechen ist erforderlich

Eine einseitige Fokussierung auf das reine Wachstum des Bruttoinlandsproduktes (BIP) ist nicht mehr zeitgemäß. So sprechen die Bürgerinnen und Bürger der westlichen Industrieländer immer häufiger nicht von ihrem materiellen Einkommen, wenn es um die Einschätzung ihres Wohlstandes und ihrer Lebensqualität geht. In einer repräsentativen Umfrage (vgl. Bertelsmann-Stiftung 2010) etwa gaben bereits 73 Prozent der Deutschen an, dass für sie ein Zuwachs an materiellem Einkommen weniger wichtig ist als der Schutz der Umwelt für künftige Generationen und ein Abbau der öffentlichen Schulden. Darüber hinaus verdeutlichen eine Vielzahl von Studien, dass vor allem eine sozial ausgeglichene Gesellschaft eine gute Gesellschaft ist (vgl. Wilkinson / Pickett, 2009).

Diese Erkenntnisse gilt es, in das neue Leitbild zu integrieren. Es geht vor allem um ein Mehr an Lebensqualität. Dies bedeutet u. a., dass wir den Übergang zu einer Wirtschaftsform finden müssen, die auch zu einem Abbau sozialer Ungleichheit und Benachteiligungen beiträgt. Leitlinien für eine sozial nachhaltige Entwicklung benötigen wir daher nicht nur für die gerechte Entlohnung von Arbeit, sondern auch für die Rentenfinanzierung, die aktive Armutsbekämpfung, die Einkommensverteilung und bei der Bekämpfung der ökonomischen Ausgrenzung von Minderheiten.

Sogar die EU hat sich bereits von einem quantitativen Wachstumsziel der Lissabon-Strategie (Ziel: drei Prozent Wachstum) verabschiedet und postuliert in ihrem Programm „Europa 2020“ nicht nur ein wissensintensives, an Innovationen orientiertes, ökologisch nachhaltiges, ressourcenschonendes Wachstum, sondern auch eines, das sozial inklusiv ist. (Jänicke 2011, EU Commission 2010). Mehr qualitatives Wachstum und weniger quantitatives Wachstum lautet also die Devise.

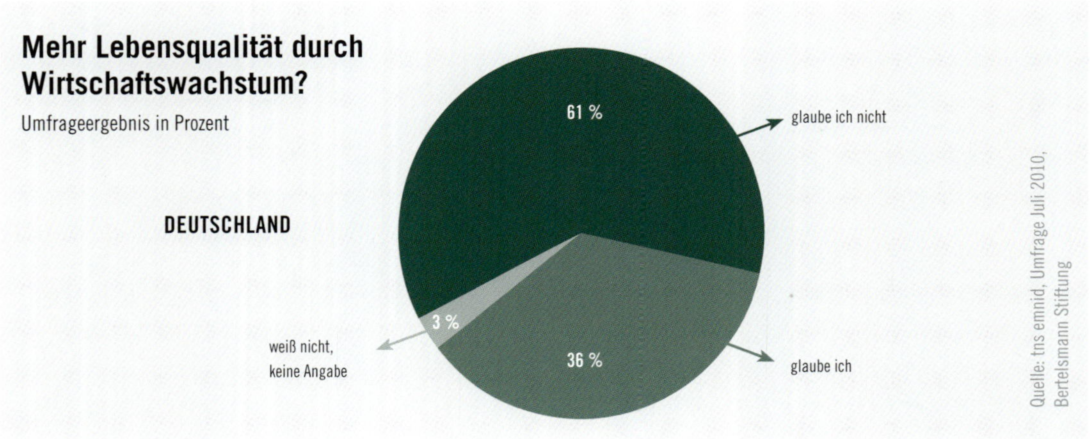

Abbildung 4

Niedrige quantitative Wachstumsraten sind keine Bedrohung für unseren Wohlstand

Damit reagieren wir auch auf einen ohnehin vorhandenen Trend: Die Hoffnung auf eine Rückkehr hoher Wachstumsraten erweist sich zumindest in den westlichen Industrienationen als Illusion. Der historische Trend deutet im Gegenteil sogar auf langfristig niedrige Wachstumsraten hin.

Die Grafik zeigt einen deutlichen Trend zu einem nur noch moderaten quantitativen Wachstum. Dies wird von der Grünen Marktwirtschaft allerdings nicht als Bedrohung des Wohlstandsversprechens interpretiert. Denn heutzutage tritt immer häufiger der Fall ein, dass weiteres quantitatives Wachstum unseren tatsächlichen Wohlstand eher vermindert, als dass es ihn steigert. So kann beispielsweise ein weiteres Wachsen von nicht nachhaltigem Wirtschaften zwar zu einer kleinen Steigerung unseres materiellen Wohlstandes führen, er kann aber auch die Umwelt schädigen, sodass uns dauerhaft Lebensqualität verloren geht. So führten riskante Tiefseebohrungen im Golf von Mexiko zu einer ökologischen und auch wirtschaftlichen Katastrophe, mit weitreichenden sozialen Folgen. Ein ökologisch-soziales Leitbild wird daher nur dann seinem Namen gerecht, wenn es sich immer auch fragt, was wächst und wozu es wächst. Die Fokussierung auf ein nachhaltiges Wachstum ist damit die richtige Antwort für eine Gesellschaft, die ohnehin mit niedrigeren Wachstumsraten wird auskommen müssen.

Wirtschaftswachstum: Aufwärtstrend schwächt sich ab

Bruttoinlandsprodukt preisbedingt, verkettet[1] – Veränderung gegenüber dem Vorjahr in Prozent

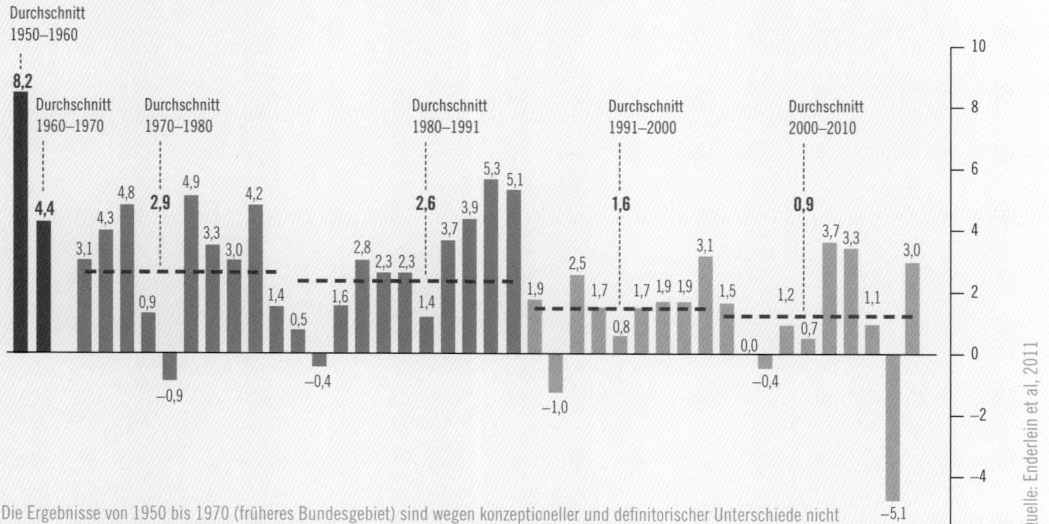

[1] Die Ergebnisse von 1950 bis 1970 (früheres Bundesgebiet) sind wegen konzeptioneller und definitorischer Unterschiede nicht voll mit den Ergebnissen von 1970 bis 1991 (Früheres Bundesgebiet) unter den Angaben ab 1991 (Deutschland) vergleichbar.

Abbildung 5

STRATEGIEN FÜR NACHHALTIGES WACHSTUM

An dieser Stelle kann nur angerissen werden, mit welchen Vorschlägen die Grüne Marktwirtschaft den Transformationsprozess hin zu einem nachhaltigen Wachstum gestaltet. Der Katalog an Maßnahmen ist vielfältig. Eine an den Zielen der ökologischen Nachhaltigkeit und der sozialen Gerechtigkeit orientierte Politik muss einen klaren Ordnungsrahmen erarbeiten, der übergeordnete Ziele und Leitplanken vorgibt und innerhalb dessen kreativer Unternehmergeist im freien Wettbewerb die effizientesten Lösungen hervorbringt.

Mit ökologischen Leitplanken Marktkräfte für nachhaltiges Wirtschaften aktivieren

Der Markt in seiner Funktion als Wettbewerbs- und Entdeckungsverfahren bleibt auch in einer Grünen Marktwirtschaft das zentrale Ordnungsprinzip. Auf Marktkräfte setzen, das heißt vor allem, dass Preise, die am Markt entstehen, die tatsächlichen Produktionskosten beinhalten müssen. Erste Wahl ist deshalb eine ökologisch-orientierte Reform des Steuersystems, um den Ressourcenverbrauch stärker und den Faktor Arbeit weniger stark zu belasten. Eine weitere Stellschraube ist die Abschmelzung derjenigen Steuerausnahmen, die ökologisch nichtnachhaltiges Verhalten bisher noch begünstigen: so etwa die Abschaffung des Steuerprivilegs für Dienstwagen, eine konsequente Besteuerung von Flugbenzin auf europäischer Ebene, eine Neuprüfung der Ökosteuerausnahmen sowie eine konsequentere Ausrichtung der Kraftfahrzeugsteuer am CO_2-Ausstoß. Wenn die Rahmenbedingungen in dieser Weise richtig gesetzt sind, dann sind Markt und Wettbewerb sehr wirksame Suchmechanismen nach den besten Lösungen – auch aus ökologischer Sicht (vgl. Grüne Marktwirtschaft 2007). Das Ordnungsrecht muss also klare Leitplanken abstecken, z. B. werden durch verbindliche Grenzwerte und Standards bei Produktionsprozessen und Produkten Impulse für Weiterentwicklungen und Innovationen gesetzt. Hier gilt es, noch stärker von dynamischen Effizienzstandards Gebrauch zu machen, im Sinne etwa des sogenannten Top-Runner-Ansatzes. Dieser macht das beste am Markt befindliche Produkt zum Standard (z. B. die Waschmaschine mit dem geringsten Wasserverbrauch oder den Fernseher, der am wenigsten Strom benötigt), der von den anderen Produkten der Produktgruppe innerhalb einer bestimmten Frist (z. B. fünf Jahre) erreicht werden muss. Produkte, die dies nicht erreichen, dürfen dann nicht mehr auf den Markt gebracht werden. Dies führt nicht zuletzt zu einem permanenten Innovationswettbewerb.

Anreize schaffen, die privates Kapital in die ökologische Modernisierung, in Gebäudesanierung und Ressourceneffizienz lenken

Eine der drei Säulen der Grünen Marktwirtschaft ist die Neuausrichtung der Wirtschaft als ressourcensparende Ökonomie auf Basis erneuerbarer Energien. Die ökologische Modernisierung erfordert enorme Investitionen, z.B. für den Ausbau der Netze und die Modernisierung der Infrastruktur. Die öffentlichen Haushalte allein können diesen Kapitalbedarf nicht decken. Eine Idee zur Lösung dieses Dilemmas könnte etwa die Initiierung eines „Zukunftsfonds" sein, der privates Kapital in die ökologische Modernisierung und in große Infrastrukturprojekte lenkt. Der Fonds würde dabei im Eigentum der öffentlichen Hand sein und sich mit Anleihen finanzieren, die von der Bundesrepublik besichert werden. Dies erhöht die Bonität des Zukunftsfonds und senkt seine Finanzierungskosten. Für private Investoren bietet der Fonds so Planungssicherheit, eine sichere und angemessene Rendite sowie einen langfristigem Anlagehorizont. Der milliardenschwere Anlagestau der institutionellen Investoren infolge der Finanzkrise, könnte so vermehrt in Realinvestitionen für die ökologische Modernisierung gelenkt werden.

Strom aus erneuerbaren Energien: hoher Investitionsbedarf

Prognose der jährlichen Anlageinvestitionen in erneuerbare Energien in Deutschland in Mio. EUR

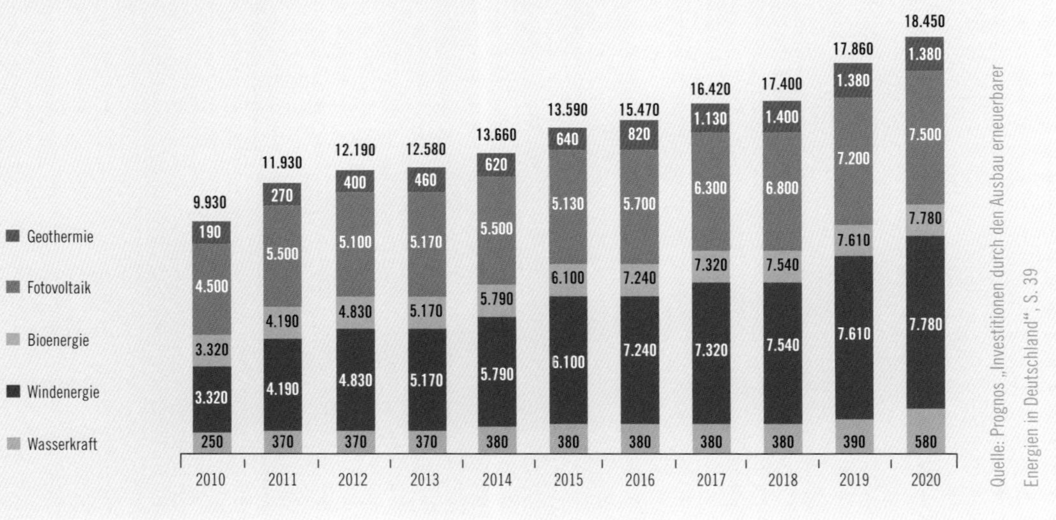

Abbildung 6

Auf die Nachfragemacht mündiger Verbraucherinnen und Verbraucher setzen

Die Nachfrage nach umweltfreundlichen Produkten sendet Impulse für eine umweltfreundliche Produktion, die es zu nutzen gilt. Deshalb sollte der Verbraucher, der aktiv Verantwortung übernehmen will, unterstützt werden: Information und Transparenz über Produktion, Lieferketten, Transport und andere Faktoren müssen umfassend und klar sein. Viele, vor allem größere Unternehmen begreifen dies als Chance, sich von ihren Wettbewerbern positiv abzuheben, und erstellen Nachhaltigkeitsberichte. Solche freiwilligen Initiativen sind unbedingt unterstützenswert. Es wäre aber darüber hinaus wünschenswert, wenn für diese Berichterstattung einheitliche Kriterien gelten würden. So wäre sichergestellt, dass sich die Unternehmen nicht nur ein ökologisches Mäntelchen umhängen, sondern Nachhaltigkeit tatsächlich in ihrem unternehmerischen Handeln verankern. Zumindest für Großunternehmen sollte eine Nachhaltigkeitsberichterstattung zur Pflicht werden. Ordnungspolitisch zielführend ist beispielsweise auch eine Berichtspflicht für Unternehmen über ihre Emissionen, so wie dies in den USA bereits gehandhabt wird. Aber auch hier gibt es vielversprechende freiwillige Transparenzinitiativen wie das Carbon Disclosure Project.

Neue Branchen entstehen z. B. durch Nutzung von umweltfreundlichem Heizmaterial

Bei der bewussten Nutzung der Nachfragemacht kommt der öffentlichen Hand wegen ihres starken Einflusses in verschiedenen Teilmärkten (Server, Busse) eine besondere Vorbildrolle zu. Um diese Nachfrage optimal zu bündeln, ist ein nationaler Aktionsplan für öffentliche Beschaffung nach ökologischen und sozialen Kriterien notwendig.

Mit höherer Ressourcenproduktivität und -effizienz die Umwelt schützen, die Wettbewerbsfähigkeit stärken und Kosten sparen

Die Erhöhung der Energie- und Ressourcenproduktivität ist eine weitere Kernstrategie auf dem Weg zur Grünen Marktwirtschaft (vgl. Weizsäcker 2010). Hier gibt es enormes Verbesserungspotenzial: 95 Prozent der eingesetzten Rohstoffe gehen derzeit verloren, bevor ein Produkt überhaupt auf den Markt kommt. Einen ähnlichen Befund illustriert auch der „World Overshoot Day", also jener Tag im Kalender, von dem ab der Ressourcenverbrauch die jährlich dauerhaft nutzbare Kapazität der Erde zur Regeneration dieser Ressourcen übersteigt. So rückt dieser Tag fast jedes Jahr weiter nach vorne. 1990 war dieser Tag am 7. Dezember. Im diesem Jahr war der „Overshoot Day" schon am 27. September, wobei Deutschland schon am 23. Mai die Schwelle eines nachhaltigen Ressourcenverbrauchs überschritten hat. Für den Rest des Jahres leben wir auf Pump. Diese Überkonsumtion von Ressourcen drückt sich auch in ihrer zunehmenden Verknappung und damit in steigenden Preisen aus. In Zeiten explodierender Ressourcenpreise nicht nur für Öl, sondern auch für Kupfer, Nickel und andere Rohstoffe, wird ökologisches Wirtschaften daher zur Voraussetzung für internationale Wettbewerbsfähigkeit und nicht zu deren Hürde. Eine marktwirtschaftliche Ressourcenstrategie setzt daher konsequent auf Effizienz, Recycling und Substitution.

Eine breit angelegte Effizienzstrategie weist den Ausweg aus dem Ressourcendilemma und würde gleichzeitig sowohl den Unternehmen als auch den Verbrauchern direkte Vorteile bieten. Ein solches breites Herangehen verspricht auch die größten Effekte für die Emissionsreduzierung. Vom Standpunkt der Produktion aus

Kupferpreise explodieren

Entwicklung des Kupferpreises von 2000 bis 2010, Preis in USD je Tonne

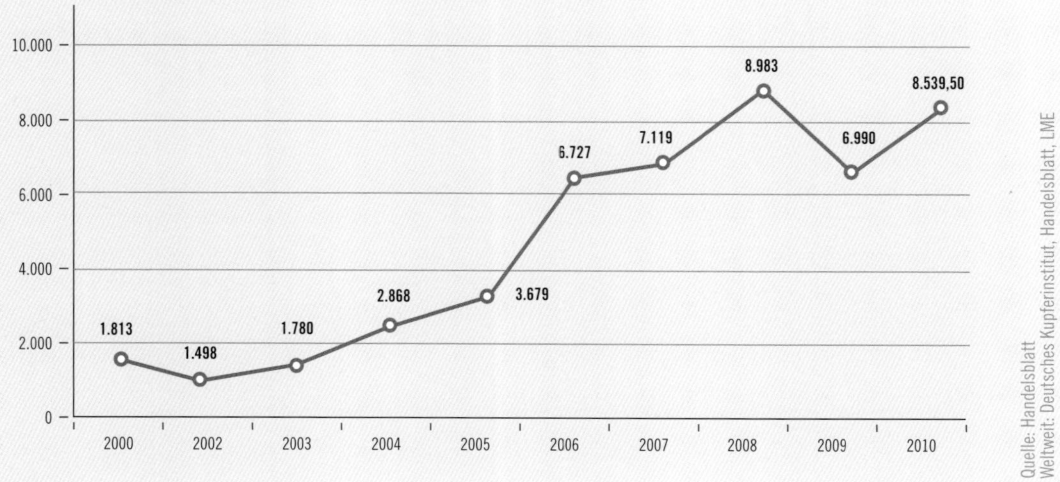

Abbildung 7

Eine nachhaltige Entwicklung verzichtet auf Verschwendung von Ressourcen

gesehen, stammen zwei Drittel der EU-27-Emissionen aus der Wirtschaft. Aus der Konsumperspektive betrachtet, verursachen die Verbraucher/-innen über die Hälfte der Emissionen (vgl. Radermacher 2011).

Ökologisch sinnvolle Maßnahmen setzen unmittelbar am Gewinninteresse der Unternehmen bzw. am Sparinteresse der Haushalte an. Deshalb können schon Information und Beratung in diesem Bereich viel bewirken. Im verarbeitenden Gewerbe verursachen Materialkosten derzeit über 40 Prozent der Kosten. Rund 100 Milliarden Euro könnten jährlich eingespart werden, wenn die Produktion deutlich material- und energieeffizienter wird. Schon mit der heute verfügbaren Technologie kann in Deutschland und Europa der Endenergieverbrauch um 20 bis 30 Prozent gesenkt werden, wenn energieeffiziente Anlagen zum Einsatz kommen und Gebäude vernünftig gedämmt werden (vgl. Henzelmann 2010). Was gut ist für die Umwelt, rechnet sich also auch für die Unternehmen und Verbraucherinnen und Verbraucher – eine Win-win-Strategie für alle und vielleicht einer der stärksten Treiber für den Weg hin zur Grünen Marktwirtschaft.

Mit Forschung, Entwicklung und Innovation kreative Potenziale erschließen und dem Mittelstand neue Geschäftsfelder eröffnen

Um die Effizienzstrategie wirksam voranzubringen, muss diese Thematik auch stärker in universitäre Forschung und Lehre einbezogen (vgl. Kristof, Hennicke, MaRess-Konsortium 2010) und Innovationen stärker gefördert werden. Gefragt ist das gesamte kreative Potenzial und der Ideenreichtum von Neugründungen und von kleineren Unternehmen. Dazu bedarf es neben mehr Beratungsangeboten von staatlicher Seite vor allem der Anstrengung, laufende und zukünftige Förderprogramme konsequent auf den sozial-ökologischen Umbau auszurichten. Außerdem sollte der Wissens- und Technologietransfer über Unternehmen und Branchen hinweg intensiviert werden. So könnten kleine und mittlere Unternehmen mit Hilfe von Innovationsagenten und Innovationslaboren stärker unterstützt werden. Innovationsagenten sind Beratende, die im Unternehmen fehlendes Wissen und Know-how einbringen. Innovationslabore hingegen stellen Infrastruktur für die Kooperation von Unternehmen und Forschungsinstitutionen bereit, um so unternehmensübergreifende Innovationsprozesse zu ermöglichen (vgl. Kristof, Hennicke, MaRess-Konsortium 2010).

Nötig ist aber auch ein breites Innovationsverständnis, das technische und nicht technische Produkt- und Prozessinnovationen umfasst. Die Leitfrage hier lautet: „Wer wird was in Zukunft brauchen?" Der Wunsch nach individueller Mobilität kann mit einem eigenen Auto oder eben auch mit einem Carsharing-System erfüllt werden, „Besitzen" wird durch „Nutzen" ersetzt. Produkte können individualisiert erst auf Bestellung gefertigt werden, sodass Überproduktion vermieden wird. Hier liegt ein großes Potenzial für eine bessere Ressourcennutzung und auch ein weites Feld für innovative Geschäftsmodelle.

Kreislaufwirtschaft konsequent verfolgen

Große Bedeutung kommt außerdem der Kreislaufwirtschaft zu. Die Verantwortung des Herstellers zur recyclinggerechten Produktherstellung, eine EU-Ökodesign-Richtlinie, die bei der Entwicklung von Produkten die Wiederverwertbarkeit der Rohstoffe sichert, eine deutliche Verlängerung der Garantiezeiten und nicht zuletzt erweiterte Rücknahmegarantien sind nur einige Beispiele, wie die Langlebigkeit von Produkten und die Wiederverwertung der darin enthaltenen Rohstoffe deutlich verbessert werden kann. Kreative Lösungen für neue Geschäftsmodelle, die zu einer besseren Auslastung von Produkten bzw. einer konsequenten Wiederverwertung führen, müssen bessere Bedingungen bekommen und dadurch für die Nutzerinnen und Nutzer attraktiver werden. Beispiele für solche Geschäftsmodelle sind Produkt-Service-Systeme wie Carsharing oder auch Recycling-Ketten für Elektrogeräte (vgl. Blue Economy 2010), die statt auf dem Verkauf eines Produktes selbst auf dem Verkauf des Nutzungsrechtes basieren.

Lösungen für den Bumerang-Effekt finden

Die Effizienzstrategie strebt eine absolute technologische Entkopplung von Wirtschaftswachstum und Naturverbrauch an. Dies bedeutet, dass der Ressourcenverbrauch sinkt, selbst wenn die Wirtschaft wächst. Allerdings darf nicht ignoriert werden, dass der Effizienzstrategie noch ungelöste Probleme innewohnen: Ein wichtiges Stichwort ist dabei der sogenannte „Rebound-Effekt". Dieser besagt, dass Einsparungen, die durch effizientere Technologien entstehen, durch vermehrte Nutzung und Konsum der Produkte teilweise oder vollständig kompensiert werden. So ist durch effizientere Ressourcennutzung bisher nur selten eine Umweltentlastung entstanden. Vielmehr wurden durch die effektivere Nutzung Produkte und Serviceleistungen zu günstigeren Preisen möglich, was die Konsumspirale weiter beschleunigt hat. Dies sorgt wiederum dafür, dass auch ein grünes Wachstum nicht zwingend nachhaltig ist (vgl. Andreae, Jänicke, Reuter 2011). Ein Beispiel für diesen Bumerang-Effekt ist etwa, dass der Wärmebedarf pro Quadratmeter Wohnfläche zwar sinkt, die Wohnungen aber gleichzeitig immer größer werden, Autos immer effizienter, dafür aber auch immer schwerer werden. Das heißt also, dass eine neue Art des Produzierens eben nicht die alleinige Lösung sein kann. Vielmehr bedarf es, wie bereits angedeutet, eines ganzheitlichen Umschwungs auch beim Konsumverhalten.

Nachhaltige Lebens- und Konsumstile breiteren Bevölkerungsschichten zugänglich machen

Neben der aktiven Förderung ökologischer Innovationen und der Schaffung eines geeigneten ordnungspolitischen Rahmens bedarf es eines Umdenkens hinsichtlich unserer Lebens- und Konsumstile. Der neue, effiziente Kühlschrank spart keinen Strom, wenn der alte Kühlschrank im Keller weiterbetrieben wird. Aber nicht nur angesichts des beschriebenen Rebound-Effektes werden wir unser Konsumverhalten grundsätzlich überdenken müssen, vielmehr geht es auch um individuelle Verantwortung. Schließlich gilt: Wenn alle Menschen auf unserem Planeten so leben würden wie wir heute, bräuchten wir zweieinhalb Erden. Die größte Gefahr für eine nachhaltige Entwicklung besteht im Export unseres westlichen Lebensstils. Die individuelle Mobilität in Deutschland hat ein Ausmaß angenommen, dass alle Deutschen auf den Vordersitzen der PKWs Platz nehmen könnten. Nichts anderes bedeutet eine 50-Prozent-Dichte an PKWs. Sollte dies ein Vorbild für die ganze Welt werden, dann können die Autos gar nicht emissionsarm genug sein, um die Biosphäre nicht weit über ihre Grenzen hinaus zu belasten.

Auch unsere westlichen Ernährungsgewohnheiten und hierbei wesentlich der hohe Fleischkonsum überfordern letztlich die Kapazitäten der Erde, verbraucht doch vor allem die Massentierhaltung unverhältnismäßig große Anteile an Ressourcen wie Land, Wasser und Getreide. Es gilt also immer auch, die Konsumseite in den Blick zu nehmen und Wege für nachhaltige Lebens- und Konsumstile aufzuzeigen und zu ermöglichen. Jeder Einzelne ist somit aufgefordert, die eigenen Konsummuster zu hinterfragen. Das individuelle Verhalten wird sich nicht dirigistisch verändern lassen – und das ist auch nicht der richtige Ansatz. Aber Aufklärung und Information, Bildung und umfassendes Wissen können viel bewirken. Erste vielversprechende Indizien deuten darauf hin, dass ein gesellschaftlicher Wandel möglich ist. Es gibt Bewegungen wie LOHAS, „Degrowth", „slowfood". Sauberer Strom und ethisch verantwortbare Geldanlagen haben sich den Markt erobert. Wohin man schaut, scheint ein bewusster Lebenswandel und Konsum auf dem Vormarsch.

Allerdings wird der „Öko"-Lebensstil oft noch gleichgesetzt mit Luxus und von vielen als zu teuer eingeschätzt. Aber es gibt auch erste hoffnungsvolle Anzeichen, dass eine ökologische Lebensweise für zunehmend breitere Bevölkerungsschichten attraktiv wird (vgl. Wippermann 2011). Um diesen sich andeutenden Bewusstseinswandel zu stärken, muss die Politik verstärkt Antworten geben, was getan werden kann, um die Schwelle für nachhaltige Lebensstile zu senken. Wie kann ein nachhaltiger Lebensstil auch für die Menschen möglich werden, die sich den Preisaufschlag für nachhaltige Erzeugung nicht leisten können? Dies gilt umso mehr, als Preise, die die ökologische Wahrheit sagen, vermutlich weniger günstig sein werden als heute, wo oft das Produkt mit den höchsten sozialen und ökologischen Kosten als billigstes in den Regalen steht.

Die Soziale Marktwirtschaft ermöglicht den Zugang zu nachhaltigen Lebens- und Konsumstilen

Ein neues Navigationssystem für Gesellschaft und Politik schaffen

Für die Verwirklichung einer Grünen Marktwirtschaft bedarf es einer Erweiterung der Ziele der Sozialen Marktwirtschaft. Die Begriffe Wachstum und Wohlstand müssen auf den Prüfstand, denn nur mit einer Neuvereinbarung der gesellschaftlichen Zielgrößen lässt sich auch langfristig die politische Agenda verändern.

Bisher maß die herkömmliche Wirtschaftspolitik ihren Erfolg vor allem am rein quantitativen Wachstum des Bruttoinlandsproduktes (BIP). Das BIP beruht aber nur auf den Marktpreisen der Güter und Dienstleistungen, die unsere Volkswirtschaft innerhalb eines Jahres produziert. Der Klimawandel, die schwindende Artenvielfalt, aber auch Gesundheit, ehrenamtliche Arbeit und Einkommensverteilung werden von den Märkten nicht eingepreist und bleiben unberücksichtigt. Das BIP ist als politischer Kompass also unzureichend und lenkt politisches Handeln mitunter sogar in eine falsche Richtung.

Besonders drastisch zeigte sich dies in der jüngsten Wirtschaftskrise. Durch den Wachstumseinbruch im Krisenjahr 2009 sah sich die Politik gezwungen, mit milliardenschweren, schuldenfinanzierten Konjunkturprogrammen gegenzusteuern. Es folgte ein „Aufschwung", den der damalige Bundeswirtschaftsminister Rainer Brüderle als „XXL-Wachstum" feierte, der aber in Wirklichkeit ein teuer bezahltes „Strohfeuer" war. Ursache für diese Verschwendung von Steuergeldern war u. a. die einseitige Fixierung der politischen Akteure auf ein rein quantitatives Wachstum des Bruttoinlandsproduktes (BIP). Diese Kritik gilt nicht den Konjunkturprogrammen an sich. Der Staatseingriff in der Krise war wegen des Ausbleibens der privaten Nachfrage gerechtfertigt und nötig, denn am Tropf des Wachstums hängen heute Millionen Arbeitsplätze, stabile soziale Sicherheit, Steuereinnahmen und der dringend nötige Schuldenabbau. Allerdings bot sich mit diesen Milliarden auch eine große Chance, den ökologischen Umbau voranzutreiben und nachhaltiges Wachstum zu befördern. Das wäre ein effizienter Einsatz der öffentlichen Mittel gewesen. Diese große Chance wurde vertan. Die deutschen Konjunkturpakete (Stichwort: Abwrackprämie) waren nur zu rund 13 Prozent nachhaltig ausgerichtet, deutlich weniger als im internationalen Vergleich. Vertan wurde damit auch die Chance, eine dreifache Dividende zu erzielen, nämlich durch Konjunkturimpulse Produktion und Beschäftigung zu unterstützen, zudem die Wettbewerbsfähigkeit der deutschen Industrie zu erhöhen und gleichzeitig Umwelt und Klima zu schonen.

Es braucht demzufolge ein neues Navigationssystem für die Wirtschaftspolitik, das auch die ökologischen und sozialen Auswirkungen des Wirtschaftswachstums abbildet, also – bildhaft gesprochen – nicht nur die Geschwindigkeit unseres Wachstums misst, sondern auch Drehzahl und Verbrauch.

Die im Dezember 2010 vom Deutschen Bundestag eingesetzte Enquete-Kommission mit dem Namen „Wachstum, Wohlstand, Lebensqualität – Wege zu nachhaltigem Wirtschaften und sozialem Fortschritt in der Sozialen Marktwirtschaft“ hat unter anderem die Aufgabe, diesen neuen Wohlstandsindikator für Deutschland zu definieren.

Ein gesellschaftliches Zielsystem vereinbaren, das möglichst einfach und gut kommunizierbar ist

Vorschläge gibt es zahlreiche. Einige Experten präferieren ein verdichtetes Indikatorensystem, ein sogenanntes Dashboard, wie z. B. der Vorschlag des Sachverständigenrates (2010), die Indikatoren der EU-Nachhaltigkeitsstrategie oder auch der Schlussbericht der Stiglitz-Kommission (2009) zeigen, wobei es jeweils um eine Ergänzung des Bruttoinlandsproduktes (BIP) um andere Wohlstands- und Lebensqualitätsindikatoren geht. Ein solches Dashboard ist allerdings für die politische Kommunikation zu komplex und expertenorientiert.

Deutlich besser öffentlich kommunizierbar sind Indikatoren, die versuchen, verschiedene Entwicklungen in einem einzigen Wert zusammenzufassen. Das zeigt sich schon an der durchaus kontroversen Diskussion zu den Ergebnissen des Schleswig-Holsteinischen-Wohlfahrtsindex im Juni 2011. Dieser räumt dem Bundesland durch die Berücksichtigung von sozialen und ökologischen Faktoren eine deutlich bessere Wohlstandsentwicklung ein, als wenn nur das reine Bruttoinlandsproduktes (BIP) betrachtet worden wäre. Andere Beispiele für solche Indikatoren sind der HDI – Human Development Index der UN – oder Bhutans Bruttonationalglück. Allerdings geht durch die starke Zusammenfassung der Daten in diesen Indikatoren Information und damit Aussagekraft verloren.

Der Königsweg für eine neue Wohlstandsmessung könnte hingegen ein mehrdimensionales Indikatoren-Set sein, das die materielle, soziale, ökologische und finanzielle Nachhaltigkeitsdimension (vgl. Wahl, Schulte, Butzmann 2010) gleichberechtigt erfasst. So kann die durch das BIP verkörperte einseitige Fokussierung auf die materielle Komponente des Wohlstands relativiert werden, die die Soziale Marktwirtschaft blind gemacht hat für die ökologischen und sozialen Krisenfelder der letzten Jahrzehnte.

Soziale Sicherheit, Chancengerechtigkeit und Teilhabe vom Wachstum unabhängiger machen

Der Sozialstaat ist heute noch in starkem Maße auf quantitatives Wachstum angewiesen. Bei Wachstumseinbrüchen geraten Arbeitsmarkt, Sozialversicherungen und öffentliche Haushalte schnell unter Druck. Diese Abhängigkeit vom quantitativen Wachstum im Sinne des Bruttoinlandsproduktes (BIP) gilt es zu reduzieren und gleichzeitig Wohlstand und Lebensqualität der Menschen zu

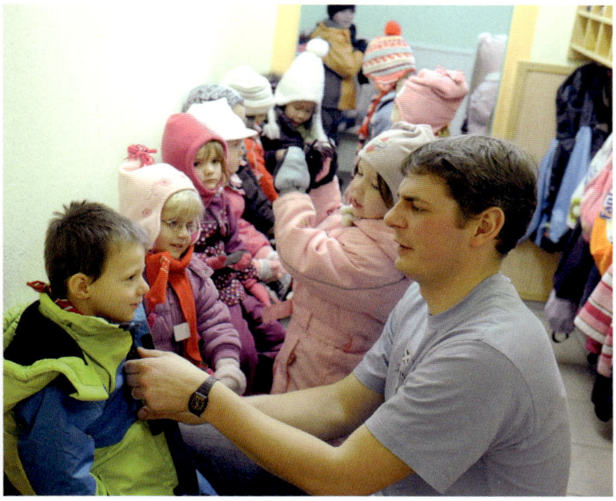

Auch Unternehmen stehen in der Pflicht, Kinderbetreuung anzubieten

bewahren bzw. zu steigern. Die in den letzten Jahren stärker im Fokus stehende Glücksforschung zeigt, dass es vor allem die soziale Teilhabe im Sinne einer Erwerbsarbeit ist, die Menschen dauerhaft zufrieden macht. Die Folgen eines auf einen neuen Wohlstandsbegriff abzielenden Politikverständnisses müssen neben der Integration von Arbeitslosen in den Arbeitsmarkt vor allem eine hohe Priorität für Investitionen in Bildung sein, um Chancen auf dem Arbeitsmarkt zu erhöhen und Zugänge zu schaffen. Bessere Vereinbarkeit von Familie und Beruf ist nicht nur eine Aufgabe für den Staat. Auch von Seiten der Unternehmen gilt es, auf die Work-Life-Balance ihrer Mitarbeiter/-innen zu achten und flankierende Angebote z. B. im Bereich der Kinderbetreuungsmöglichkeiten schaffen. Auch jenseits der aktiven Erwerbsarbeit gilt es, mehr Raum für Teilhabe zu schaffen. Es geht hier beispielsweise um die Stärkung von politischer Teilhabe durch Volksabstimmungen oder aber auch transparente, bürgernahe Planungsprozesse im Vorfeld von Infrastrukturprojekten.

Die sozialen Sicherungssysteme müssen auf stabilere Grundlagen im Sinne von Bürgerversicherungen gestellt werden, die nicht mehr allein an die Einkommen aus abhängiger Beschäftigung anknüpfen. Auch die Finanzierung unseres Gemeinwesens insgesamt muss gerecht und nach der Leistungsfähigkeit erfolgen. Angesichts des Auseinanderdriftens von Einkommen und Vermögen, so verfügt heute ein Prozent der Bevölkerung über rund ein Drittel des Gesamtvermögens, ist es unerlässlich, dass stärkere Schultern auch wieder mehr Lasten tragen. Dies könnte beispielsweise durch eine Reform der Erbschaftssteuer zur Finanzierung von Bildungsinvestitionen vorangebracht werden.

Industrieländer als Vorreiter

Abschließend muss im Rahmen der Neuformulierung einer Grünen Marktwirtschaft etwas über die globale Ebene unseres Handelns gesagt werden. So steht es außer Frage, dass in dem sich zunehmend vernetzteren „Globalen Dorf" des 21. Jahrhunderts verantwortliche Akteure dazu aufgerufen sein müssen, ihre Handlungen auch mit Blick auf deren Auswirkungen auf Dritte zu reflektieren. Es muss daher für unsere wohlhabende und hochentwickelte Industriegesellschaft darum gehen, die Rolle eines globalen Vorreiters einzunehmen.

Dafür sprechen vor allem drei Gründe: Zunächst ist es die Erkenntnis, dass die Schwellen- und Entwicklungsländer dem umweltzerstörerischen Wachstumsmodell der Industrieländer folgen werden. Es ist unsere Aufgabe, die Stellschrauben unseres Wirtschafts- und Sozialmodells neu zu justieren und Wohlstand und Lebensqualität auch ohne Raubbau an der Natur zu gewährleisten – denn nur so fördern wir eine sozial- und umweltverträgliche Entwicklung auch in anderen Teilen der Erde. Schaffen wir den großen Sprung hinsichtlich der effizienten Verwendung unserer Ressourcen, so ist dies nicht nur eine Blaupause für einen nachhaltigen Entwicklungspfad in anderen Ländern, sondern auch ein Appell an das Eigeninteresse ihrer Unternehmen, in Zukunft ebenfalls mit ressourcensparender Produktionsweise erfolgreich zu sein.

Hinzu kommt die historische Verantwortung der Industrieländer für den Klimawandel. „Die kumulierten CO_2-Emissionen in den USA belaufen sich auf 1.000 Tonnen pro Kopf, in China auf 60, in Indien auf 25 und in Deutschland auf fast 800" (vgl. Weizsäcker 2010). Dementsprechend muss der Beitrag der Industrieländer zur Reduzierung der Emissionen erheblich größer ausfallen. Wenn also der weltweite Ausstoß klimaschädlicher Gase bis 2050 auf ein Drittel reduziert werden muss, um das Zwei-Grad-Ziel einzuhalten, bedeutet das für uns, unsere Emissionen auf ein Zehntel des heutigen Niveaus zurückzufahren (vgl. Loske 2010). Gleichzeitig könnte ein schneller Technologietransfer aus den Industrie- in die Schwellen- und Entwicklungsländer helfen, diesen einen ressourcensparenden und klimaschonenden Weg der wirtschaftlichen Entwicklung zu eröffnen – von dem auch wir in Deutschland profitieren.

Schließlich haben wir auch ein eigenes Interesse an der Entwicklung ökologischer Technologien, effizienterer Produktionsstrukturen und besserer Produkte nicht nur für unseren eigenen Markt. Auch die Absatzmärkte der heutigen Schwellen- und Entwicklungsländer entscheiden über Erfolg und Misserfolg von Produkten und damit von Unternehmen. Eine langfristig erfolgreiche Grüne Marktwirtschaft wird also nur eine solche sein können, die sich durch weltweit führende Produkte Marktanteile im globalen Wettbewerb sichert. Der Blick über den Tellerrand ist somit mehr als der alte Appell an das globale Gewissen, er ist notwendige Vorrausetzung einer erfolgreichen Wirtschaftspolitik für das 21. Jahrhundert.

DIE GRÜNE MARKTWIRTSCHAFT IST MÖGLICH

Nachhaltiges Wachstum schont Ressourcen für kommende Generationen

Ökonomie und Ökologie gehören zusammen und sind zutiefst soziale Themen. Umweltziele, Leitplanken und Ordnungsrecht lassen sich deshalb mit der Sozialen Marktwirtschaft vereinbaren, mehr noch, sie entwickeln die Soziale Marktwirtschaft im Sinne einer Grünen Marktwirtschaft nach ökologischen Kriterien weiter. Ein solches Wirtschaftsmodell unterlegt einen gestaltenden Staat im Sinne Ludwig Erhards, dessen Akteure sich ihrer Verantwortung national und global bewusst sind.

Mit der Transformation zu einer kohlenstoffarmen, ressourceneffizienten und sozial gerechten Wirtschaftsordnung werden wir den Herausforderungen des 21. Jahrhunderts erfolgreich begegnen und unseren Wohlstand langfristig sichern. Diese Transformation ist nicht ohne Anstrengungen zu erreichen. Im Gegenteil, es bedarf weiterer Bemühungen großer Teile der Gesellschaft. Doch wie schon Dennis Meadows in seinem Buch „Grenzen des Wachstums" vor fast 40 Jahren feststellte: „Wir leben in einer begrenzten Welt und unbegrenztes Wachstum ist darin nicht möglich. Je früher wir mit dem Umbau anfangen, um so mehr werden wir und die nachfolgenden Generationen davon profitieren und umso krisenresistenter wird unsere Wirtschaft und Gesellschaft" (vgl. Meadows 1972). Inwieweit sich Dennis Meadows mit Ludwig Erhard beschäftigt hat, wissen wir nicht. Ich bin mir aber sicher, es wäre auch in Erhards Sinne, die Soziale Marktwirtschaft um den Aspekt der Ökologie zu erweitern.

LITERATUR

Andreae, Kerstin; **Jänicke,** Martin; **Reuter,** Norbert (2011): Wachstumspolitik, Vorlage für die Enquete-Kommission „Wachstum, Wohlstand, Lebensqualität", Berlin.

Bertelsmann Stiftung (2010): Bürger wollen kein Wachstum um jeden Preis, Umfrage http://www.bertelsmann-stiftung.de/cps/rde/xbcr/SID-E190B325-D0F92A6E/bst/xcms_bst_dms_32005_32006_2.pdf am 4. November 2011.

Blue Economy (2010): Metalle ohne Bergbau, http://www.community.blueeconomy.de/m/news/view/Metalle-ohne-Bergbau am 07.11.2011.

Bundestagsfraktion Bündnis 90/Die Grünen (2007): Grüne Marktwirtschaft, Berlin.

Enderlein, Henrik; **Miegel,** Meinhard; **Paqué,** Karl-Heinz; **Reuter,** Norbert (2011): BIP-Wachstum, Vorlage für die Enquete-Kommission „Wachstum, Wohlstand, Lebensqualität", Berlin.

EU Commission (2010): Europe 2020 – A European strategy for smart, sustainable and inclusive growth, COM(2010) 2020, 03.03.2010, Brüssel.

Henzelmann, Thorsten (2010): Erfolg durch Green Transformation, Köln.

International Labour Organization ILO (2010): Global Wage Report 2010/11.

Jänicke, Martin (2011): „Green Growth": Vom Wachstum der Öko-Industrie zum nachhaltigen Wirtschaften.

Kristof, Kora; **Hennicke,** Peter (Projektleitung) und das MaRess-Konsortium (2010): Ergebnisse des Projekts „Materialeffizienz und Ressourcenschonung" (Maress).

Loske, Reinhard (2010): Abschied vom Wachstumszwang, Rangsdorf.

Meadows, Donella H.; **Meadows,** Dennis L.; **Randers,** Jorgen; **Behrens III,** William W. (1972): The Limits to Growth.

Radermacher, Dr. Franz-Josef (2011): Grünes Wachstum, in: DZ Equity Partner.

Roubini, Nouriel (2011): Zurück zum Gleichgewicht, Handelsblatt vom 18. Oktober 2011, Nr. 201.

Sachverständigenrat zur Begutachtung der gesamtwirtschaftlichen Entwicklung (2010): Wirtschaftsleistung, Lebensqualität und Nachhaltigkeit: ein umfassendes Indikatorensystem.

Statistisches Bundesamt, Volkswirtschaftliche Gesamtrechnungen, Prognose: Frühjahr 2011.

Stern, Nicholas (2006): Stern Review on the Economics of Climate Change.

Stiglitz, Joseph E.; **Sen,** Amartya; **Fitoussi,** Jean-Paul (2009): Report by the Commission on the Measurement of Economic Performance and Social Progress.

von Weizsäcker, Ernst Ulrich; **Hargroves,** Karlson; **Smith,** Michael (2009): Faktor Fünf – Die Formel für nachhaltiges Wachstum, München.

Wahl, Stefanie; **Schulte,** Martin; **Butzmann,** Elias (2010): Das Wohlstandsquartett - Zur Messung des Wohlstands in Deutschland und anderen früh industrialisierten Ländern, Herausgeber: Denkwerk Zukunft – Stiftung kulturelle Erneuerung, Bonn.

Wilkinson, Richard; **Pickett,** Kate (2009): Gleichheit ist Glück: Warum gerechte Gesellschaften für alle besser sind, Berlin.

Wippermann, Peter (2009): Otto Group Trendstudie 2009; Die Zukunft des ethischen Konsums.

[1] Im Fall Deutschlands hat allerdings die Finanzierung der Deutschen Einheit daran einen wichtigen Anteil.

6. Nachhaltiges Wachstum durch die Marktwirtschaft

Prof. Dr. Michael Hüther

VITA

Prof. Dr. Michael Hüther, geb. 1962 in Düsseldorf, studierte an der Justus-Liebig-Universität in Gießen und der University of East Anglia in Norwich Wirtschaftswissenschaften und Mittlere und Neuere Geschichte und schloss 1990 sein Promotionsstudium als Dr. rer. pol. ab.

Nach seiner Promotion war er u. a. Generalsekretär des Sachverständigenrates in Wiesbaden zur Begutachtung der gesamtwirtschaftlichen Entwicklung und Leiter der Bereiche Volkswirtschaft und Kommunikation bei der DekaBank in Frankfurt am Main. Des Weiteren ist er seit 2001 Honorarprofessor an der European Business School in Oestrich-Winkel.

Er ist seit 2004 Direktor und Mitglied des Präsidiums des Instituts der deutschen Wirtschaft Köln und Botschafter der Initiative Neue Soziale Marktwirtschaft.

INHALT

DIE EINGESCHRÄNKTE FREIHEIT ALS BASIS DER MARKTWIRTSCHAFT

Das System der Sozialen Marktwirtschaft fußt auf dem Prinzip der Freiheit. Sie ist ein offenes ökonomisches System, in dem alle mitmachen können – und dies auch sollen. Die freie Entfaltung der Individuen in einer Gesellschaft ist die Grundvoraussetzung für wohlfahrtsstiftenden Tausch. Im Zusammenhang mit der Neugier des Menschen und seiner Neigung, zu experimentieren und nach immer besseren Lösungen zu suchen, liegt hierin bereits die Basis für Erfindungen und Prozessinnovationen.

Doch dies allein reicht noch nicht aus, um Wohlstand zu erreichen. Dafür benötigt man zudem Regeln, die die Freiheit disziplinieren. Diese Regeln begründen Eigentumsrechte bzw. Verfügungsrechte. Sie schützen das materielle und das geistige Eigentum des Einzelnen – oder auch die Person selbst – vor dem unerlaubten Zugriff anderer. Handlungsfreiheit und Haftung gehören zusammen, denn wer etwas tut, darf darauf rechnen, dass der Erfolg ihm zumindest teilweise zufällt, und auch für einen Misserfolg hat er – in Grenzen – Verantwortung zu tragen. Nur in einer Gesellschaft, die derartige Regeln setzt, besteht der Anreiz zur Forschung und zur Kapitalakkumulation, und nur dann besteht eine Chance auf signifikantes wirtschaftliches Wachstum. Und nur der Wettbewerb – als einzig legitime Form der Enteignung – führt dazu, dass mit dem verfügbaren Kapital sorgsam umgegangen wird (vgl. Eucken 1950).

In diesem Umfeld entstehen Unternehmen. Sie ermöglichen eine effiziente, in Hierarchien angeordnete Zusammenarbeit zahlreicher Individuen, ohne dass für jedes neue Projekt erneute Vertragsverhandlungen und Abstimmungsprozesse notwendig sind. Sie reduzieren somit Transaktionskosten und Unsicherheit.

Das Handeln in Freiheit ist gleichzeitig auch ein Handeln im Wettbewerb. Jeder ist frei zu entscheiden, wem er eine Ware oder eine Leistung abkauft – und wird sich dabei für das subjektiv beste Angebot entscheiden. Dies sorgt für eine hohe Zufriedenheit der Konsumenten und gleichzeitig für einen Anreiz der Anbieter, besser zu sein als der Konkurrent – oder es zu werden.

Doch die Ausübung individueller Freiheit bietet Gefahren für die Freiheit der jeweils anderen – nicht nur durch Enteignung, wie oben angedeutet, sondern durch Absprachen und Kartelle. Auf Dauer funktionsfähig ist eine Marktwirtschaft nur dann, wenn dieses Gefahrenpotenzial begrenzt wird. Der Missbrauch der Vertragsfreiheit zu ihrer Beschränkung ist nicht nur denkbar, sondern in der Realität oft genug zu beobachten. Dieser Missbrauch kann und muss vom Staat verhindert werden, der einerseits durch Gesetze die Durchsetzung der Haftung einfordert (Rechtsordnung und Rechtssicherheit) und andererseits durch eine prophylaktische Wettbewerbspolitik (Fusionskontrolle) die Offenheit der Märkte sichert (Eucken 1950, S. 19 ff.). Auch hier hat der Staat also spezielle Regeln entwickelt, die Freiheiten einschränken, um andere Freiheiten zu erhalten.

WIRTSCHAFTSWACHSTUM ALS ERGEBNIS DES HANDELNS IN FREIHEIT

Wie ordnet sich Wirtschaftswachstum in diesen Kontext der Wohlstandsfindung durch disziplinierte Freiheit ein? Wirtschaftswachstum ist ein makroökonomischer Begriff, wir messen es üblicherweise an der Veränderung des Bruttoinlandsprodukts. Das BIP ist freilich eine Maßzahl, die nur sehr unvollständig den Zustand und die Entwicklungen einer Volkswirtschaft ausdrücken kann. Sie ist immerhin ordnungspolitisch konsistent, weil sie Güter und Dienstleistungen zu Marktpreisen bewertet. Für den einzelnen sind andere Kenngrößen weitaus wichtiger, z. B. das eigene Einkommen, das Preisniveau, die Auftragslage des eigenen Unternehmens, aber auch die Breite und Vielfalt des Warenangebotes. Und die „marktwirtschaftliche Ordnung kennt streng genommen gar kein isoliertes Wachstumsziel, sie ist darauf angelegt, dass möglichst viele einzelne möglichst viel Spielraum haben, selbständig etwas zu entscheiden, dass die arbeitsteilige Produktion von Gütern sich möglichst nach den Wünschen der einzelnen richtet, und dass die Produktion und Zuteilung der Güter möglichst effizient organisiert wird" (Sachverständigenrat 1975).

Der Spielraum des Einzelnen, Produktionsprozesse zu suchen, die effizienter sind als die alten, sorgt quasi automatisch dafür, dass Ressourcen frei werden, um mehr zu produzieren. Nichts anderes ist Wirtschaftswachstum. Und: Der Spielraum des Einzelnen, andere Produkte nachzufragen oder neue Produkte zu erfinden und zu produzieren, sorgt für den notwendigen Strukturwandel.

Die Soziale Marktwirtschaft ermöglicht Spielräume für die freie Entfaltung

Kaufkraft steigt seit Jahrzehnten

So lange musste man für die jeweiligen Produkte arbeiten – Vergleich 1960 mit 2010

	Arbeitszeit 1960		Arbeitszeit 2010	
	Std.	Min.	Std.	Min.
Mischbrot, 1 kg	0	19	0	11
Eier, 10 Stück	0	50	0	8
Rindfleisch zum Kochen, 1 kg	2	3	0	31
Brathähnchen, 1 kg	2	12	0	12
Flaschenbier, 0,5 l	0	15	0	3
Herrenanzug, 1 Stück	67	31	15	54
Damenstrumpfhose, 1 Stück	1	13	0	17
Benzin (D), 1 l	0	14	0	6
Waschmaschine, 1 Stück	222	54	30	30
Fernseher (E), 1 Stück	349	8	10	31
Haare waschen u. föhnen für Damen, 1-mal	1	27	1	11

Quelle: Statistisches Bundesamt; Institut der deutschen Wirtschaft Köln

Abbildung 1

Aus diesem Grund kann eine freie Marktwirtschaft auch nicht auf rein quantitatives Wachstum angelegt sein, sondern sie orientiert sich in der Güterproduktion daran, dem Konsumenten für sein Geld das zu bieten, was er gerne hätte. Der Konsument gibt die Nachfrage vor, worauf die Anbieter von Kapital und Arbeit innerhalb ihrer Möglichkeiten reagieren, er steuert also die Produktionsstruktur. Dieser qualitative Aspekt des Strukturwandels lässt sich in Zahlen kaum fassen. Demgegenüber tritt der quantitative Aspekt in den Hintergrund: „Das Ergebnis ist aus den – vorzugebenden und zu überwachenden – Prozessregeln heraus gerechtfertigt, nicht dadurch, dass es den Vergleich mit irgendeinem wie auch immer gefassten quantitativen Wachstumsziel besteht" (Sachverständigenrat 1975).

Wachstum ist also kein Ziel an sich, aber durchaus erfreulich, denn es mindert die Knappheiten, mit denen wir uns im täglichen Leben konfrontiert sehen. Haben wir Wachstum, so wachsen unsere Spielräume: zum Konsum, aber auch zur Altersvorsorge, zur Stärkung des Staates, zum Umweltschutz usw. Daher frönt man keiner simplen Tonnenideologie, wenn man sich Wirtschaftswachstum wünscht, sondern eröffnet Entfaltungsmöglichkeiten.

Was kann Wachstum befördern? Hier haben sich als Treiber des Wirtschaftswachstums folgende Elemente als essenziell herausgestellt:
- der Bildungsstand der Bürger,
- die Investitionen und Innovationen und
- die Arbeitsmarktentwicklung.

Um dieses Wachstum nachhaltig zu gestalten, sind
- eine auf Tragfähigkeit begrenzte Staatsverschuldung und
- der Schutz der Umwelt unabdingbar.

Nachhaltiges Wachstum bezieht Umwelt- und Klimaschutz mit ein

Eine auf die Partizipation der Gesellschaftsmitglieder setzende Politik muss direkt die Bildung von Humankapital, die Bereitstellung von Infrastruktur und Investitionen in den Mittelpunkt stellen. Diese Punkte werden daher im Folgenden näher betrachtet, ebenso eine nachhaltige Konsolidierung der öffentlichen Haushalte und der Schutz der Umwelt als Voraussetzung dafür, nachhaltig wirtschaften zu können.

BILDUNG ALS VORAUSSETZUNG FÜR PARTIZIPATIONSGERECHTIGKEIT

Wenn in der Sozialen Marktwirtschaft alle mitmachen sollen, dann muss die Gesellschaft dies ermöglichen, sie muss Partizipationsgerechtigkeit anstreben und alle in die Lage versetzen, angebotene Chancen nutzen zu können. Nur wer realistischerweise eigenverantwortlich handeln kann, nur dessen Handlungen kann man durch den Markt bewerten lassen, ohne in ethische Konflikte zu geraten. Effizienz und Gerechtigkeit lassen sich also widerspruchsfrei verbinden, wenn Gerechtigkeit als Voraussetzungs- und Partizipationsgerechtigkeit verstanden wird.

Aufstieg durch Bildung

Aufstiegsmobilität nach Bildungsstand, von 2003 bis 2007: Zunahme der Wahrscheinlichkeit eines Aufstiegs in höhere Einkommensschichten gegenüber Personen ohne Ausbildung (Wahrscheinlichkeit in Prozent)

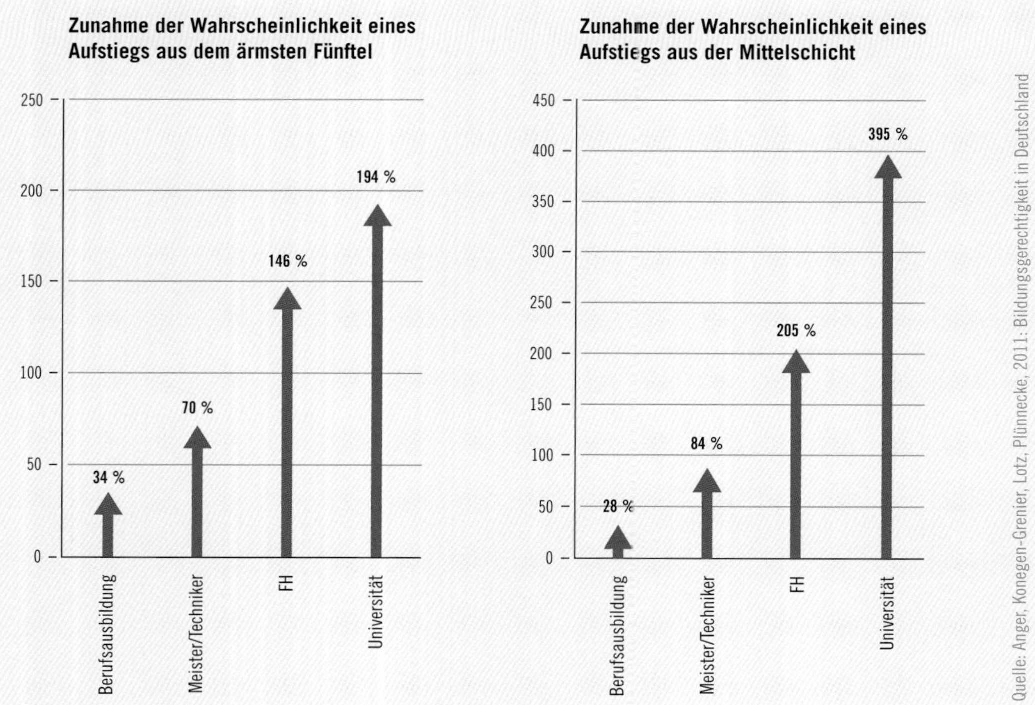

Abbildung 2

Um Partizipationsgerechtigkeit anzustreben, muss der Staat durch bildungspolitische Vorsorge (Schulpflicht und Definition von Bildungsstandards) Verantwortung tragen. Faktisch zeigt sich, dass der Bildungsstand in einer Volkswirtschaft eine herausragende Bedeutung für Chancengleichheit und Einkommensgleichheit hat. Die Verteilungsbilanz der jüngeren Vergangenheit zeigt, dass neben dem Zugang zu Arbeit der Zugang zu Bildung entscheidenden Einfluss auf die Verteilungsgerechtigkeit hat. Für relative Armutsrisiken etwa ist die Wahrscheinlichkeit entscheidend, mit der man Gelegenheiten zum persönlichen Aufstieg nutzen kann. Zwischen 2003 bis 2007 sind zwei Drittel der Personen aus dem untersten Einkommensfünftel dort verblieben, immerhin einem Drittel gelang der Aufstieg. Geringqualifizierte stiegen seltener als Hochqualifizierte in höhere Einkommensbereiche auf.

Ein Bildungssystem, das nachhaltige Wachstumsimpulse erzeugen und die Chancengerechtigkeit in der Gesellschaft stärken soll, muss gewährleisten, dass es fortwährend möglichst viele junge Menschen zu möglichst hohen Bildungsabschlüssen führt, ohne dabei die Ausbildungsqualität und die Aussagekraft der Abschlüsse zu gefährden (Plünnecke; Stettes 2005). Dabei ist zu berücksichtigen, dass der Erwerb von Basiskompetenzen und Humankapital pfadabhängig ist: „Lernen erzeugt Lernen" (Heckman 1999). Fehlen die notwendigen Vorkenntnisse, ist die Aneignung von neuem Wissen erschwert. Vor allem für Deutschland ist mit Blick auf den demografischen Wandel und den damit verbundenen Fachkräftemangel daher ein wichtiger Aspekt, vor allem Menschen mit Migrationshintergrund Chancen auf eine qualitativ hochwertige Bildung zu geben, um sie nachhaltig in den Arbeitsmarkt zu integrieren und somit am Wohlstand unserer Gesellschaft teilhaben zu lassen.

Für das Bildungssystem besteht daher die Aufgabe, die Qualität in den einzelnen Bildungsgängen zu sichern und, wenn möglich oder erforderlich, anzuheben. Bei gegebenen Ansprüchen an die Aussagekraft der Abschlüsse bedeutet dies, dass die Kompetenzen von Jugendlichen und jungen Erwachsenen deutlich verbessert werden.

Bildung ist als Investition anzusehen, die in erheblichem Umfang knappe Ressourcen in Form von Geld-, Sach- und Personalmitteln in Anspruch nehmen darf. Schließlich werden am Hochlohnstandort Deutschland auch in Zukunft Wohlstand und Arbeitsplätze auf Dauer nur dann gesichert bleiben, wenn sich die Unternehmen im internationalen Wettbewerb durch innovative Produkte und Verfahren von ihren Konkurrenten abheben (Hülskamp; Koppel 2005).

Da die gesellschaftliche Wissensakkumulation stetig ansteigt, sollte Bildung als Prozess angesehen werden, der nicht mit dem Schulabschluss oder dem Universitätsdiplom endet. Nur ein lebenslanges Lernen kann gewährleisten, dass das Wissen des Individuums mit den Bildungsansprüchen seiner Umwelt mitwächst.

BILDUNG ALS VORAUSSETZUNG FÜR WACHSTUM

Nicht nur in individueller Perspektive, sondern auch in makroökonomischer Sicht ist Bildung ein entscheidender Bestandteil nachhaltigen Wachstums. Wir leben heute in einer Wissens- und Informationsgesellschaft. Individuelles und kollektives Know-how ist unumstritten die Basis des Erfolgs der deutschen Volkswirtschaft und damit auch unseres Wohlstandes. Dass der Bildungsstand in einer Volkswirtschaft positive Effekte auf das Wohlstandsniveau hat, ist auch wissenschaftlich eindeutig belegt: Das Bildungsniveau korreliert mit der Gesundheit, es bestehen positive Effekte auf den gesellschaftlichen Zusammenhalt sowie auf die Akzeptanz einer marktwirtschaftlichen und demokratischen Ordnung (Stettes 2006). Aus ökonomischer Sicht spielt insbesondere die Wirkung von Bildungsinvestitionen auf das Wirtschaftswachstum einer Volkswirtschaft eine überragende Rolle. Das Bildungsniveau in einer Volkswirtschaft hat einen erheblichen Einfluss auf ihre Wachstumsdynamik (Mankiw et al. 1992). Bei einem offenen Kapitalmarkt ist vor allem das Niveau des Humankapitals entscheidend für Realkapitalzu und -abflüsse (Barro et al. 1995). Und die kognitiven Fähigkeiten der Bevölkerung haben ohnehin einen starken Effekt auf die wirtschaftliche Entwicklung eines Landes (Hanushek; Wößmann 2008).

Wohlstandsbasis Bildung: Die individuelle Förderung von Schülerinnen und Schülern zu steigern, ist Voraussetzung für Wohlstand von morgen

Lesekompetenz: Deutschland holt auf

OECD-Auswahl, Pisa-Punkte, Entwicklung zwischen 2000–2009

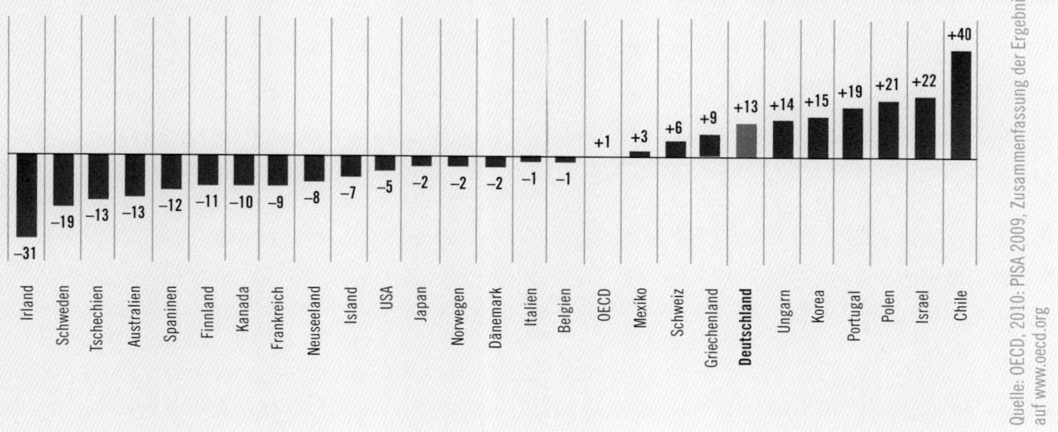

Abbildung 3

Der Haupttreiber der Fortschritte ist der bewusstere Umgang mit Bildungszeit. In Deutschland ist die Effizienz beim Einsatz von Sachmitteln und Personalressourcen gegenüber den Vorjahren deutlich gestiegen. Die Akademisierung der Bevölkerung ist gegenüber dem Vorjahr ebenso vorangeschritten. Vor dem Hintergrund der Ergebnisse bei PISA und IGLU sind auch in den Bereichen Schulqualität und Bildungsarmut für die meisten Bundesländer deutliche Zuwächse zu verzeichnen. Diese dürften in den kommenden Jahren noch höher ausfallen, wenn die überall eingeleiteten Maßnahmen zur Qualitätssicherung und -verbesserung greifen werden.

Gleichwohl bleibt der Handlungsdruck groß. Insbesondere das Aufbrechen des starken Zusammenhangs zwischen Bildungserfolg und Herkunft bleibt weiter eine der wichtigsten Baustellen für die Bildungspolitik.

GEZIELTE SOZIALE SICHERUNG ALS STABILITÄTSANKER

Die soziale Sicherung hat im Lichte dieses Konzeptes grundsätzlich eine subsidiäre Bedeutung. Partizipationschancen werden dadurch gesichert, dass die Märkte für Outsider offengehalten werden – Aufgabe der Wettbewerbspolitik – und dass allen Individuen Wissen und Kompetenzen vermittelt werden – Aufgabe der Bildungspolitik.

Wenn diese Aufgaben hinreichend erfolgen, werden die allermeisten Individuen ausreichend an den ökonomischen Prozessen partizipieren können, um ihre grundlegenden Bedürfnisse zu befriedigen. Jedoch nicht alle. Denn der Wettbewerb bewirkt, dass diejenigen, die ein schlechtes Angebot abgeben, vom Kunden bewusst nicht ausgewählt werden. Wird die unzureichende Qualität des Angebotes durch Merkmale verursacht, die mit dem Individuum untrennbar verknüpft sind – zum Beispiel durch eine niedrige Arbeitsproduktivität – , so droht dem Individuum ein andauernder Mangel an finanziellen Ressourcen, um seine grundlegenden Bedürfnisse zu befriedigen. Ein vorübergehender Mangel droht Individuen, die temporär keine Möglichkeit haben, ihre Fähigkeiten am Markt anzubieten – sei es aufgrund persönlicher Merkmale wie einer Krankheit, sei es aufgrund einer schlechten Geschäftsentwicklung des Unternehmens, in dem sie arbeiten.

Dies alles rechtfertigt weitere Eingriffe in die Freiheit, indem Einkommen des Einzelnen vom Staat unter Gewaltandrohung für sich beansprucht und umverteilt wird an diejenigen, die diese Leistungen zum Überleben benötigen. Damit einher geht der Anspruch an die Leistungsempfänger, so möglich, ihre Abhängigkeit von Umverteilung zu vermindern, sei es durch Weiterbildung oder Flexibilität bezüglich Arbeitsart und Arbeitsort. Des weiteren ist Umverteilung dann sinnvoll, wenn sie individuelle Belastungen mindert, die die Individuen auf sich nehmen, um etwas zu tun, das im Interesse der gesamten Gesellschaft liegt – zum Beispiel, Kinder zu bekommen und aufzuziehen. Dies rechtfertigt einen Familienlastenausgleich. Ein Gesellschafts- und Wirtschaftssystem, das nachhaltig sein will, muss die genannten Umverteilungsaufgaben auf die eine oder andere Weise erfüllen.

Verlässt man die Individualperspektive, so ist zu bedenken, dass Unzufriedenheit, die aus Ungleichverteilung und Abschottung erwachsen kann, politische Instabilität zur Folge hat, mit negativen Folgen für Wachstum und Zusammenleben. Ein System, das in Deutschland existenzielle Not zuließe, wäre zum Scheitern verurteilt.

Das System der sozialen Sicherung hat also eine wichtige Funktion bei der Rechtfertigung und Stabilisierung der marktwirtschaftlichen Ordnung. Es sollte so ausgestaltet sein, dass es die wettbewerblichen Kräfte und das sich aus der freiheitlichen Ordnung ergebende Wachstum nicht behindert. Die Partizipationschance des Einzelnen ist dann nicht nur der Prüfstein für soziale Gerechtigkeit, sondern auch das Fundament der wirtschaftlichen Entwicklung.

FATALER HANG ZUR ERGEBNISNIVELLIERUNG

Allzu oft erklingt jedoch die unbestimmt allgemeine Forderung nach „sozialer Gerechtigkeit". Sie verstellt den Blick auf das Notwendige und bietet Raum für einen breiten Wunschzettel als Antwort auf Fragen, die besser spezifisch beantwortet werden. Umverteilung sollte stets zielgerichtet mit wenigen, effektiv wirkenden Mitteln erfolgen und sich nicht als Grundprinzip durch jegliches staatliches Handeln ziehen.

Der Begriff der Gerechtigkeit führt für viele zu einer Umverteilungsforderung in Bezug auf die Marktergebnisse. Die Gleichheit der Einkommen und Vermögen wird dann zur leichtgängigen politischen Parole. Was damit angestrebt wird, ist nicht Partizipationsgerechtigkeit, sondern Ergebnisgerechtigkeit, besser: Ergebnisnivellierung. Diese aber beißt sich mit dem Anreizgedanken marktwirtschaftlicher Ordnung. Denn die Entstehung von Ungleichheit hat wichtige Anreizwirkungen für den Wachstumsprozess. Gewinne sind ein entscheidendes Motiv für Investitionen und Innovationen. Und Einkommenszuwächse motivieren nicht nur zu mehr Arbeit, sondern sie wirken auch als Anreiz für vergrößerte Anstrengungen in Bildung und Qualifikation und führen somit zu einer höheren Qualität der Arbeit.

In Deutschland steht hingegen die Ergebnisnivellierung im politischen Diskurs oben auf der Agenda. Und so sind denn auch nicht allein die Fürsorgeleistungen vom Umverteilungsgedanken durchzogen, sondern ebenso die Absicherung der großen Lebensrisiken – Arbeitslosigkeit, Langlebigkeit, Krankheit und Pflegebedürftigkeit. Besser wäre es, wenn in der Absicherung dieser Risiken das Versicherungsprinzip ungehindert wirken dürfte. Der Umverteilungsgedanke setzt sich im Steuerrecht fort: Progressive Steuertarife werden nicht in Frage gestellt, und Debatten um Reichensteuer und Vermögensteuer könnten die Umverteilung noch steigern.

Der Politik kann man hier nur teilweise einen Vorwurf machen, insofern sie in diesen Punkten in weiten Bereichen die öffentliche Meinung widerspiegeln dürfte. Da in Deutschland ca. die Hälfte der Bürger von staatlich organisierten Leistungen lebt, wird jeder Versuch, den Sozialstaat auf die Idee der Versorgung der wirklich Bedürftigen zurückzuführen, von Protesten begleitet sein – auf der Straße und auf den Stimmzetteln. Damit nährt der Sozialstaat nicht nur die Empfänger seiner Wohltaten, er nährt sich auch selbst.

Wettbewerb schafft soziale Gerechtigkeit

Dabei gibt es keinen Grund, in Deutschland eine Erosion der Mittelschicht oder eine dramatische Zunahme der Armut zu beklagen. So verdienten laut SOEP die besonders Wohlhabenden im Jahr 1984

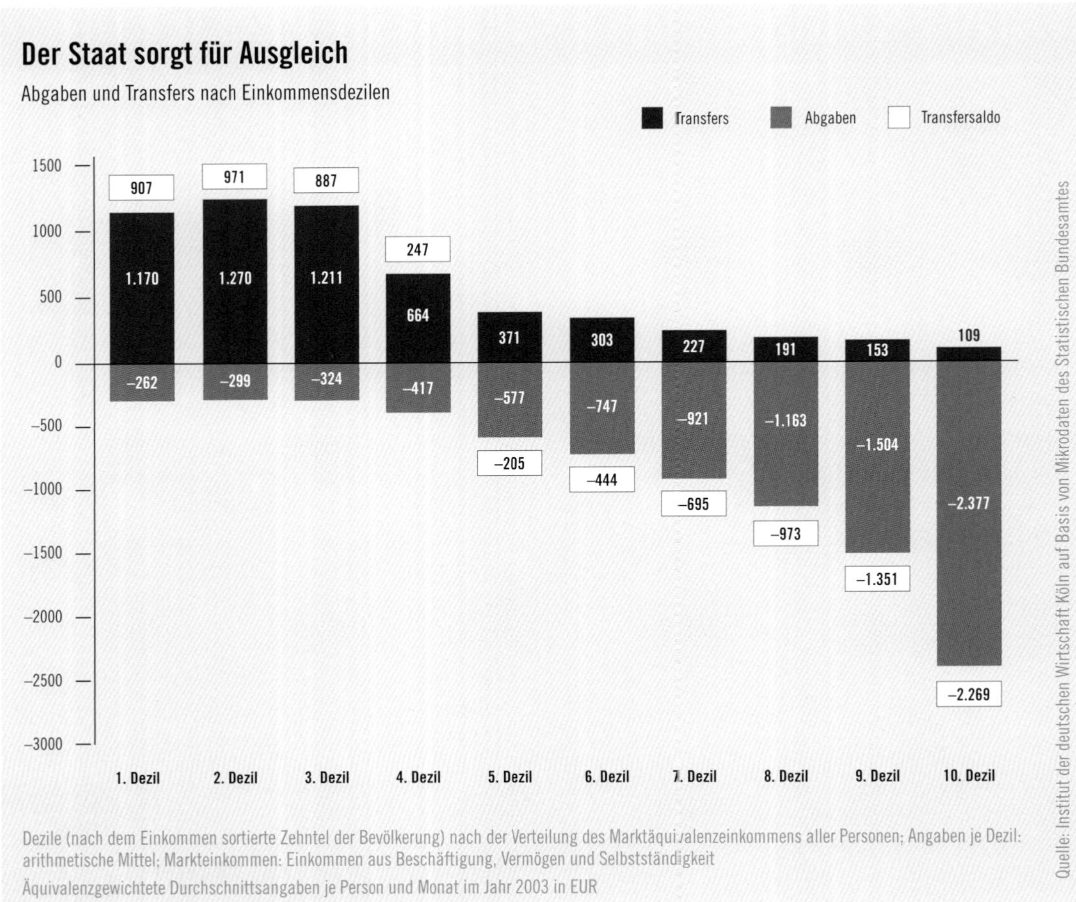

Abbildung 4

monatlich netto 3-mal so viel wie Personen mit vergleichsweise niedrigem Einkommen, aktuell liegt der Wert beim 3,4-Fachen (vgl. DIW 2011).

Und die relative Armutsquote liegt seit einigen Jahren auch relativ konstant bei ca. 15 Prozent der Bevölkerung, laut den aktuellsten Zahlen aus dem Jahr 2008. Zur Erläuterung: Als arm wurde jemand definiert, der ein Nettoeinkommen hatte, das weniger als 60 Prozent des mittleren Einkommens entspricht. Dies waren 2008 für einen Single 936 Euro im Monat und für ein Paar mit zwei kleinen Kindern 1.965 Euro netto monatlich.

Generell folgt die Entwicklung im Wesentlichen internationalen Trends: Durch die Globalisierung und den technischen Fortschritt steigt in Deutschland der Bedarf an hochqualifizierten Arbeitskräften. Entsprechend können diese tendenziell höhere Löhne fordern. Andererseits geht der Bedarf an geringqualifizierten Beschäftigten zurück – ihre Löhne geraten daher besonders unter Druck.

INNOVATIONEN ALS VERGRÖSSERER DES SPIELRAUMS

In bodenschatzarmen Ländern wie Deutschland sind Innovationen der wesentliche Treiber von Wachstum, Beschäftigung und Wohlstand. Innovationen sind per definitionem nichts anderes als technologische Neuheiten, welche als Produkt am Markt oder als Prozess im Unternehmen erstmalig etabliert werden (OECD 2005 b). Sie führen zu technischem Fortschritt, welcher die Produktivität der in einer Volkswirtschaft eingesetzten Produktionsfaktoren und mithin auch die Wettbewerbsfähigkeit steigert. Innovationen brechen aber auch oft alte und gewohnte Strukturen auf und machen neue Prozesse notwendig. Joseph Schumpeter hat dieses Phänomen als schöpferische Zerstörung bezeichnet (Schumpeter 1952). Nur durch die Zerstörung von alten Strukturen werden die volkswirtschaftlichen Produktionsfaktoren immer wieder neu geordnet sowie kombiniert und an veränderte Bedürfnisse angepasst. Auf den Punkt gebracht bedeutet dies, dass Altes aufgegeben wird, damit Neues entstehen kann.

Effizienzverbesserungen und Nachhaltigkeit fangen beim Zuhause an: Niedrigenergiehaus

Nun hört sich Zerstörung und das Aufbrechen alter Strukturen nicht besonders nachhaltig an. Doch Innovationen sind eng mit der Entwicklung nachhaltigen Wirtschaftens verknüpft. Innovative Produkte kommen dem Effizienzwunsch der Konsumenten entgegen – seien es spritsparende Autos oder energiesparende Kühlschränke, Nullenergiehäuser oder Kommunikationsmöglichkeiten, die Autofahrten überflüssig machen. Damit lassen sich nicht nur neue Märkte erschließen, sondern es wird zugleich Nachhaltigkeit angestrebt. Und Prozessinnovationen sind essenziell, wenn es darum geht, allzu verschwenderische, ineffiziente Produktionsweisen effizient und somit nachhaltig zu machen. Mit der Einführung einer Prozessinnovation – etwa eines neuen Produktionsverfahrens – werden meist Produktivitätssteigerungen oder Kostenreduktionen angestrebt, die in Effizienzverbesserungen und Wettbewerbsvorteilen in Form von Preissenkungspotenzialen deutlich werden. In der Konsequenz kann bei gleichem Input mehr Output produziert werden, sodass sich gesamtwirtschaftlich positive Wachstumseffekte ergeben.

In diesem Sinne sind energieeffiziente Produktionsmethoden, die Entwicklung von Recycling-Strategien oder die Verwendung nachwachsender Rohstoffe als Kunst- und Werkstoffe in der Verpackungsindustrie eine nachhaltige Neuordnung der Produktionsfaktoren, die von den Unternehmen aus Effizienzgesichtspunkten beschritten werden. Insofern ist der sparsame Umgang mit Ressourcen nicht nur im Sinne der Umwelt, sondern – gerade in Zeiten hoher Preise für Öl, Metalle usw. – auch im Sinne der Unternehmen. Sie werden daher aus eigenem Antrieb möglichst ressourcenarm arbeiten.

Um Innovationen zu fördern, sind institutionelle Rahmenbedingungen für innovative Unternehmen von großer Wichtigkeit, denn sie beeinflussen die Erfolgsquote von Innovationen stark (Funk; Plünnecke 2009). Die hieraus resultierende prominente Rolle des Staates wird in der Literatur im Bereich endogener Wachstumstheorien deutlich (Aghion; Howitt 1998, Romer 1990, 1996). Diese Wachstumstheorien zeigen, dass Technologien explizit in die Produktionsfunktion eingehen, Innovationen also produziert werden und nicht etwa exogen „vom Himmel fallen".

Innovationen können für eine nachhaltige Entwicklung forciert werden, sobald die entscheidenden Treiber von Innovationen dafür gegeben sind. Durch das Bereitstellen innovationsfreundlicher Dienstleistungen, Infrastruktur und Regulierung nimmt der Staat indirekt Einfluss auf die Produktionsfunktion der innovierenden Unternehmen und somit auf das nachhaltige Wachstum einer Volkswirtschaft. Auch die Verfügbarkeit von Fachkräften und die Qualität des schulischen Bildungssystems hat höchste Priorität. Eigene Forschungs- und Entwicklungsanstrengungen des Staates im Sinne der Nachhaltigkeit durch intensive Grundlagenforschung in der Breite und FuE-Investitionen in die Organisation und Vernetzung institutioneller Forschungseinrichtungen mit der Privatwirtschaft sind ebenso wichtig. Des Weiteren sollte eine innovationsfreundliche Infrastruktur im Bereich der Informations- und Kommunikationstechnologie bereitgestellt werden.

Daran anschließend sollten begünstigende Rahmenbedingungen zur Umsetzung neuer Ideen geschaffen werden, beispielsweise durch eine innovationsfreundliche Technologie- und Arbeitsmarktregulierung. Und es sind vor allem steuerliche Anreize für Forschung und Entwicklung, die dem Staat die Möglichkeit geben, Innovationen unabhängig von Branchenzugehörigkeit oder technologischer Ausrichtung zu fördern, damit in allen Lebens- und Wirtschaftsbereichen gleichsam nachhaltige Produkte und Prozesse Einkehr finden.

Damit sind die drei wichtigsten Innovationstreiber Qualifikation, Forschung und institutionelle Rahmenbedingungen politisch adressiert. Ein weiterer zentraler Innovationstreiber ist allerdings der unternehmerische Wettbewerb, damit Innovationen auch wirtschaftlich umgesetzt werden. Dementsprechend muss sich der Einfluss des Staates auf das Setzen von Anreizen für eine nachhaltige Entwicklung beschränken. Demgegenüber birgt die exklusive Subvention der Erforschung und Entwicklung einer einzelnen Technologie starke Wettbewerbsverzerrungen, die dazu führen, dass andere Innovationen keine Chance erhalten.

NACHHALTIG GESTALTETE STAATSFINANZEN

Ob ein Staat nachhaltig wirtschaftet, zeigen seine Finanzen. Angesichts der derzeitigen Schreckensmeldungen in der Staatsschuldenkrise fällt es schwer, den Glauben an solide Staatsfinanzen nicht zu verlieren. Doch zu Fatalismus gibt es keinen Grund. Die westlichen Industriestaaten haben bis dato auf Pump gelebt. Jahr für Jahr gab der Staat mehr aus als er einnahm – ob nun in Griechenland, Deutschland oder den USA. Dabei war die Einnahmenseite, zumindest in Deutschland, in der Regel solide. Die Ausgabendisziplin war es, die zu wünschen übrig ließ.

Die Occupy-Bewegung profitierte von der Unzufriedenheit mit dem Krisenmanagement

Angesichts der Zwickmühle, entweder staatliche Leistungen einschränken zu müssen oder den Bürger durch neue Abgaben zu vergrätzen, haben die Politiker lieber den bequemen Weg der Neuverschuldung gewählt – durchaus mit dem Plazet der Wähler, denn die Zahlen waren so wenig fassbar, dass es für den eigenen Lebensalltag irrelevant schien. Damit muss es vorbei sein. Mit der Staatsschuldenkrise wird nun sehr genau hingeschaut, wie hoch der Schuldenstand eines Landes ist und was eine Regierung zur nachhaltigen Konsolidierung der Staatsfinanzen unternimmt. Auch Umfragen zeigen, dass den Menschen heute der Abbau der Staatsschulden wichtiger ist als eine Steuerentlastung.

Mit Blick auf die Schuldenkrise muss man zweierlei fordern: Zunächst einmal müssen die einzelnen Defizitländer glaubwürdig ihre Haushalte sanieren. Die Märkte honorieren das. Die deutsche Schuldenbremse ist hier ein gutes Vorbild, denn mit ihr ist es gelungen, ein mächtiges Instrument gegen die Verschuldung von Bund und Ländern zu schaffen. Und zweitens muss die EWU die europäischen Fiskalregeln schärfen und Verstöße quasi automatisch sanktionieren.

Dies ist umso dringender, da auf lange Sicht das Schuldenproblem sogar noch größer ist als bei kurzsichtiger Betrachtung. Denn nicht nur der offizielle Schuldenberg deutet auf eine Schieflage hin. Ebenso wichtig sind diejenigen Ausgaben, die durch gesellschaftliche Veränderungen wie die Überalterung der Bevölkerung entstehen werden, die aber nicht durch künftige Einnahmen gedeckt sind. Dies sind implizite Schulden, und sie sind oft viel höher als jene, die schwarz auf weiß in den Büchern stehen. Auch in Deutschland: Die Bundesrepublik hatte schon 2005 dreieinhalbmal so viele implizite wie explizite Schulden. Diese könnten wir heute durch relativ einfache Politikentscheidungen deutlich verringern – und damit die Lasten, die wir unseren Kindern und Enkeln auferlegen.

NACHHALTIGKEIT DURCH UMWELTSCHUTZ MIT AUGENMASS

Eine Grenze der Leistungsfähigkeit des Marktes liegt in seiner Tendenz, in manchen Bereichen Kosten auf Externe abzuwälzen. Diese Grenze muss man erkennen, und man muss sie ernst nehmen, um sie mit geeigneten Maßnahmen zu überwinden. Ein solches Abwälzen von Kosten auf Externe ist die Verschmutzung der Umwelt, eines öffentlichen Gutes. Dieses öffentliche Gut wird vom Markt selbst nicht ohne weiteres geschützt, sodass der Staat eingreifen muss, um diesen Schutz zu gewährleisten.

Das staatliche Handeln wird letztlich vom Wähler legitimiert. Daher kommt es darauf an, dass in die kollektiv zu treffenden Entscheidungen das Wissen über die Kosten eingeht und dass ein Mehr an einer Stelle ein Weniger an anderer bedeutet. Die Kosten verbesserter Umweltqualität haben Verluste an anderer Stelle zur Folge, und sie sind es auch, die die Geschwindigkeit begrenzen, mit der Verbesserungen erreicht werden können.

Für eine Illustration dieses Prinzips bietet sich das Beispiel des Klimawandels an, da es nicht allein die Kostenaspekte aufzeigt, sondern vielfältige weitere Fragen aufwirft, wie man Umweltschutz erreichen kann.

Folgt man der Einschätzung, dass der Klimawandel zu einem wesentlichen Anteil vom Menschen verursacht ist, dann ist zu fragen, wie man mit diesem Faktum umgeht. Ganz offensichtlich wäre eine Erhöhung der weltweiten Atmosphärentemperatur um mehrere Grad Celsius – wie sie häufig prognostiziert wird – ein Vorgang, der die Art und Weise, wie Hunderte von Millionen Erdbewohner leben und arbeiten, signifikant beeinflussen würde: Aride Zonen wachsen, Gletscher schrumpfen, aber auch die für den Ackerbau geeigneten Zonen verschieben sich in Richtung der Pole. Es gibt wenige Länder, die von diesen Temperaturänderungen nicht betroffen wären, somit handelt es sich um ein wahrhaft globales Problem. Ein Ignorieren dieser Möglichkeit ist keine angemessene Reaktion. Stattdessen müssen wir das Risiko erkennen, das mit der Emission von klimabeeinflussenden Gasen – CO_2, Methan usw. – einhergeht.

Was kann eine angemessene Antwort auf dieses Risiko sein? Da es sich beim Weltklima um ein öffentliches Gut handelt, ist es nicht der Markt, der die Antwort geben kann, denn er koordiniert nur den Austausch privater Güter. Es muss also im weitesten Sinne der Staat sein, der hier eingreift. Dies trifft im Übrigen auf alle Arten der Verschmutzung öffentlichen Raumes zu. Je nach Gefährdungslage sind hier sehr unterschiedliche Staatseingriffe zu wählen. Ein Gefahrenstoff wie Dioxin in die Umwelt einzubringen, ist zu Recht verboten. Die Frage, ob und wie ein Stoff wie CO_2 in die Atmosphäre einzubringen ist, erfordert hingegen eine Kosten-Nutzen-Abwägung. Niemand weiß genau, ob und wie stark menschengemachter Klimawandel eintreten wird, aber die Möglichkeit besteht. In diesem Fall drohen extrem hohe Kosten. Aus dieser Sicht haben Aktivitäten gegen den Klimawandel eine Versicherungsfunktion. Wir wissen nicht, ob der Schadensfall eintritt. Tritt er ein, sind wir durch die Versicherung zumindest teilweise vor den Schadensfolgen geschützt. Tritt er nicht ein, so war die „Versicherungsprämie“ aus Ex-post-Sicht vergeblich gezahlt. Entscheidende Faktoren sind hier also die Höhe der „Versicherungsprämie“ und die Effektivität der „Versicherung“.

Ohne nachhaltige Entwicklungsstrategien werden Ressourcen verschwendet oder gar zerstört

Die politische Antwort, die die EU auf dieses Problem gefunden hat, ist eine externe Festlegung der Emissionsmenge. Diese wird in einzelne Emissionsrechte aufgesplittet, die verteilt oder versteigert werden. Dies ist das klare Zeichen dafür, dass es möglich ist, Umweltprobleme im Rahmen der marktwirtschaftlichen Ordnung zu lösen und mit dieser Lösung schon vor längerer Zeit begonnen wurde.

Diese Emissionsrechte können gehandelt werden. Generell gilt: Dies ist ein effizienter Mechanismus, da er dafür sorgt, dass solche Emissionen vermieden werden, die besonders leicht zu vermeiden sind. Die Grenzkosten der Vermeidung gleichen sich an. Insbesondere findet keine Anmaßung von Wissen statt, z. B. hinsichtlich bestimmter anzuwendender Technologien.

Die Vorgabe von bestimmten Produktionstechniken wäre hier kontraproduktiv, denn sie bevorzugt bestimmte Techniken gegenüber anderen, ohne dass es dafür eine technisch-ökonomische Rechtfertigung gibt. Und einzuhaltende Effizienzstandards müssen vom Gesetzgeber mühsam definiert und kontrolliert und vom Produzenten eingehalten werden – was die Veröffentlichung und Anwendung technisch durchaus möglicher Innovationen sogar unattraktiv machen kann. Stattdessen sollte man auf marktwirtschaftliche Anreizmechanismen, also den Preis setzen und so die Umwelt zu gegebenen Kosten bestmöglich schützen.

Allerdings ist fraglich, inwiefern dieser EU-Mechanismus tatsächlich eine effektive Versicherung gegen einen möglichen Klimawandel darstellt, denn er ist regional begrenzt. Seit 1971 hat sich der weltweite Ausstoß von CO_2 aus fossilen Brennstoffen mehr als verdoppelt, er wuchs bis 2009 von 14 Mrd. Tonnen auf 29 Mrd. Tonnen. Im gleichen Zeitraum ist der Ausstoß in Deutschland von knapp 1 Mrd. Tonnen auf 750 Mio. Tonnen gesunken. Und in der Eu-27 sank der Ausstoß von 4 Mrd. Tonnen (1990) auf nun 3,6 Mrd. Tonnen. Deutschland und die Europäische Union haben also bereits in erheblichem Maße CO_2 eingespart. Die CO_2-Emissionen weltweit hat dies nur wenig beeinflusst und damit auch das Weltklima.

DIE VERSICHERUNG IST ALSO WENIG EFFEKTIV

Aktuell stoßen die vier größten Verursacher, China, die USA, Indien und Russland, zusammen 42 Prozent der CO_2-Emissionen aus. Letzteres wäre weniger problematisch, wenn sich diese Länder ebenfalls einem Emissionsrechte-Regime unterwerfen würden. Sie tun dies jedoch nicht. Die EU ist das einzige Gebiet weltweit mit einem nennenswerten Emissionsrechtehandelssystem. Das bedeutet, die EU erbringt Leistungen, von denen alle profitieren, trägt aber einseitig die Last. Dies wirkt sich in zweierlei Weise negativ aus:

1. Ökologisches Problem: Andere Länder reduzieren ihre Emissionen erheblich weniger oder steigern sie sogar.

2. Ökonomisches Problem: Die Branchen werden regional unterschiedlich belastet. Dies könnte die Wettbewerbsfähigkeit dieser Branchen in der EU gefährden. In der Folge reduzieren diese Branchen die Produktion in Deutschland, oder sie wandern gar ab und produzieren woanders – ohne Emissionsbegrenzung. Dies wäre kontraproduktiv für Wirtschaft und Klima.

Ist eine derartige Abwanderung realistisch? In einigen Branchen ja. In der Stahlindustrie, in der Zementherstellung, in der Papierproduktion und in der Aluminiumbranche sind die Energieanteile an den Produktionskosten derartig hoch, dass ein Emissionsrechteregime, das Energie deutlich teurer macht, diese Branchen vor erhebliche Wettbewerbsprobleme stellt. In einer aktuellen Befragung unter 215 Unternehmen gaben z. B. 19 Prozent der Papierhersteller und 22 Prozent der Metallproduzenten an, die Produktion wegen des Emissionsrechtehandelssystems verlagert zu haben (Point Carbon 2011). Durch diese Verlagerung verliert Europa Arbeitsplätze. Das Weltklima wird dadurch nicht verbessert. Letztlich kommt uns das Emissionsrechteregime, die Versicherung, also durchaus teuer. Es ist insbesondere ungerecht im Vergleich zu den USA und anderen Industriestaaten. Aber brauchen wir nicht den Preisdruck, der die Unternehmen über das Emissionsrechteregime erreicht, um endlich energieeffizient

Der Emmiss onsrechtehandel soll zur Senkung des CO_2-Ausstoßes beitragen

zu werden? Natürlich wird der Preisdruck hier etwas bewirken – mit den skizzierten Risiken. Die Daten zeigen allerdings, dass deutsche Unternehmen Energieträger bereits ausgesprochen effizient einsetzen. Der Primärenergieverbrauch ist im Verhältnis zum Bruttoinlandsprodukt (BIP) seit 1991 in Deutschland um 25 Prozent gesunken. Dadurch sind wir auch im internationalen Vergleich Weltspitze: Für je 1.000 Euro Wertschöpfung in Bergbau und Industrie setzte Deutschland in 2007 110 kg Öleinheiten ein. Dies ist unter den Industriestaaten der dritteffizienteste Wert. Japan liegt hier bei 133 kg Öleinheiten, die USA bei 196 kg und Kanada bei 319 kg. Was können wir also realistischerweise tun, um einen gesunden Mittelweg zwischen ökologisch motivierter Vorsicht und ökonomischen Erfordernissen zu finden?

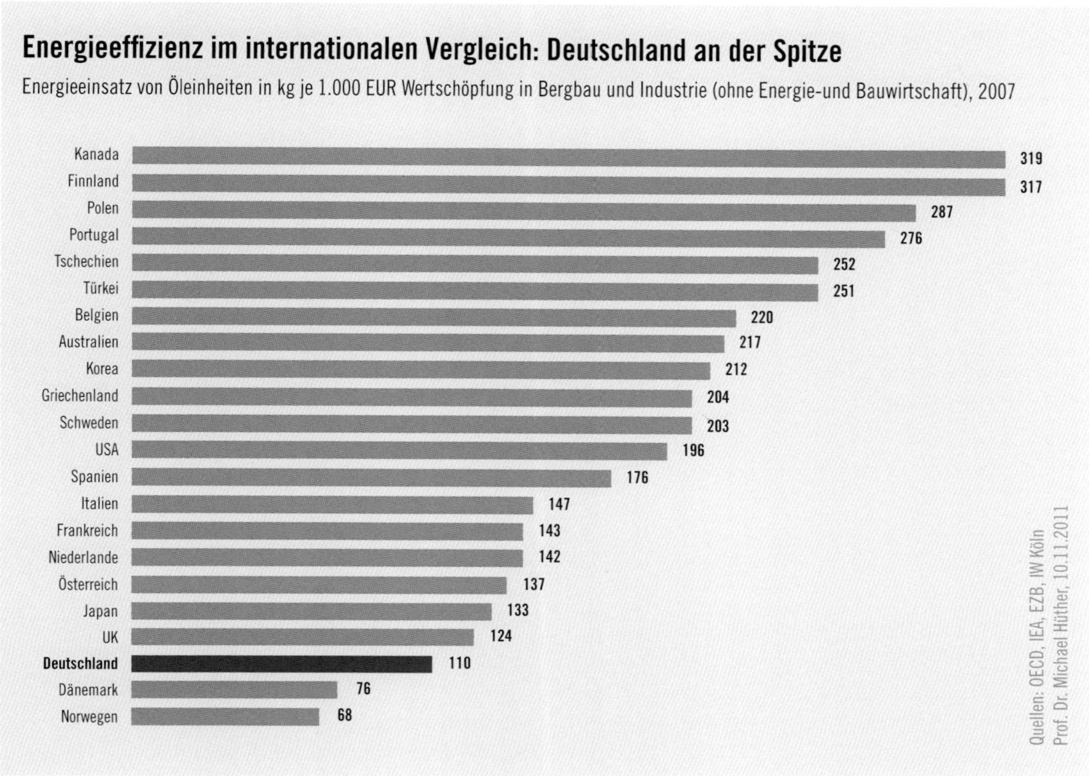

Abbildung 5

Erstens müssen wir realistisch bleiben. Wir können nicht erwarten, den Trend einer immer energieeffizienteren Produktion linear fortzuschreiben, denn dies wird irgendwann an physikalische Grenzen stoßen. Stattdessen wird die Preisentwicklung dazu führen, in geeigneten Bereichen Produkte durch andere zu substituieren – zum Beispiel Mobilität durch Kommunikationstechnologie. Diese Tendenz hat der Markt bereits angestoßen, und sie drückt sich z. B. in deutlich vermehrter Telearbeit aus. Andere Produkte wiederum – z. B. Stahl – werden niemals völlig ersetzt werden können.

Zweitens müssen wir Klimaschutz mit Augenmaß betreiben. Die EU muss beim Klimaschutz die Wertschöpfung der europäischen Industrie im Auge behalten, denn eine abwandernde Industrie schadet Arbeitnehmern und Klima. Um dies zu vermeiden, sollte die EU den gefährdeten Industrien die Emissionsrechte kostenfrei zuteilen bzw. sie für indirekte Kosten aus der verteuerten Elektrizität kompensieren. Diese Subvention stellt keine ideale Lösung dar, ist aber ein pragmatischer Kompromiss angesichts der ebenfalls nicht idealen kontinentalen Antwort auf ein globales Problem.

Drittens muss die EU eine gerechtere Lastenverteilung anstreben. Dies bedeutet, dass auch andere Industriestaaten mit ins Boot der CO_2-Vermeidung geholt werden müssen. Die EU muss international auf die weite Verbreitung von Emissionsbegrenzungen hinwirken. Ein weiteres, einseitiges Vorpreschen würde bei diesem globalen Problem schlicht keinen Sinn machen und brächte dem Klima nur wenig.

LITERATUR

Aghion, Philippe; **Howitt,** Peter (1998): Endogenous Growth Theory, Cambridge.

Barro, Robert J.; **Mankiw,** Gregory N.; **Sala-i-Martin,** Xavier (1995): Capital Mobility in Neoclassical Models of Growth, in: American Economic Review, Vol. 85, No. 3, S. 103–115.

DIW (2011): SOEP-Monitor 1984–2010, Analyseebene Personen.

Funk, Lothar; **Plünnecke,** Axel (2009): Selected Innovation Factors: An International Comparison, in: Welfens, Paul J. J., Addison, John T. (Editors): Innovation, Employment and Growth Policy Issues in the EU and the US, Springer, Berlin, Heidelberg, S. 153–171.

Hanushek, Eric A.; **Wößmann,** Ludger (2008): The Role of Cognitive Skills in Economic Development, in: Journal of Economic Literature, 46 (3), September 2008.

Heckman, James (1999): Policies to Foster Human Capital, NBER Working Paper, No. 7288, Cambridge.

Hülskamp, Nicola; **Koppel,** Oliver (2005): Deutschlands Position im Innovationswettbewerb – Ergebnisse des IW-Innovationsbenchmarkings, in: IW-Trends, 32. Jg., Heft 3, S. 45–61.

Mankiw, Gregory N.; **Romer,** David; **Weil,** David N. (1992): A Contribution to the Empirics of Economic Growth, in: Quarterly Journal of Economics, Vol. 107, S. 407–437.

OECD (2005): Oslo-Manual: Proposed Guidelines for Collecting and Interpreting Technological Innovation Data, 3. Auflage, Paris.

Plünnecke, Axel; **Stettes,** Oliver (2005): Bildung in Deutschland: Ein Benchmarking der Bundesländer aus bildungsökonomischer Perspektive, IW-Analysen, Nr. 10, Köln.

Point Carbon (2011): Carbon 2011.

Romer, Paul (1990): Endogenous Technical Change, in: Journal of Political Economy, 98. Jg., Nr. 5, S. 71–102.

Romer, Paul (1996): Why, indeed, in America? Theory, History and the Origins of Modern Economic Growth, in: American Economic Review, Vol. 86 (2), S. 202–206.

Sachverständigenrat (1975): „Vor dem Aufschwung" – Jahresgutachten 1975 des Sachverständigenrates zur Begutachtung der gesamtwirtschaftlichen Entwicklung.

Schumpeter, Joseph (1952): Theorie der wirtschaftlichen Entwicklung, 5. Auflage, Berlin.

Stettes, Oliver (2006): Bildungsökonomische Grundlagen: Investitionen in Humankapital, in: Institut der deutschen Wirtschaft Köln (Hrsg.), Bildungsfinanzierung und Bildungsregulierung in Deutschland, Eine bildungsökonomische Agenda, Köln, S. 31–60.

PUBLIKATIONEN

SCHRIFTENREIHE DER INITIATIVE NEUE SOZIALE MARKTWIRTSCHAFT

Heft 8 Juni 2011

Prof. Dr. Bernd Raffelhüschen, Stefan Moog, Johannes Vatter

Fehlfinanzierung in der deutschen Sozialversicherung

Gutachten des Forschungszentrums Generationenverträge der Albert-Ludwigs-Universität Freiburg

Heft 7 März 2011

Prof. Dr. Thomas Straubhaar, Prof. Dr. Michael Bräuninger

Wege zur Vollbeschäftigung

Gutachten des Hamburgischen WeltWirtschaftsInstituts (HWWI)

Heft 6 März 2011

Ralph Brügelmann, Dr. Rolf Kroker, Dr. Thilo Schaefer

Faktencheck Schuldenbremse und Schuldencheck Bundesländer

Eine Analyse des Instituts der deutschen Wirtschaft Köln (IW)

Heft 5 Januar 2011

Dr. Alfred Boss, Dr. Astrid Rosenschon

Subventionssabbau in Deutschland

Gutachten des Institut für Weltwirtschaft an der Universität Kiel (IfW)

Heft 4 Oktober 2010

Dr. Joachim Ragnitz, Robert Lehmann, Michaela May

Bilanz – 20 Jahre Deutsche Einheit

Gutachten vom Institut für Wirtschaftsforschung (ifo Dresden)

Heft 3 September 2010

Ralph Brügelmann, Dr. Rolf Kroker

Haushaltskonsolidierung

Argumente für eine Begrenzung staatlicher Defizite und Schulden

Heft 2 August 2010

Prof. Dr. Christoph Kaserer

Staatliche Hilfen für Banken und ihre Kosten

Notwendigkeit und Merkmale einer Ausstiegsstrategie

Heft 1 August 2010

Prof. Dr. Andreas Freytag

Was ist neu an der Neuen Sozialen Marktwirtschaft?

Eine Agenda

insm.de
insm.de/publikationen
insm.de/newsletter

facebook.com/marktwirtschaft

oekonomenblog.de

BILDNACHWEISE

Corbis (Seite 55)
DBT/Lichtblick/Achim Melde (Seite 58)
Getty Images (auf den Seiten 7, 12, 35, 39, 62, 85, 93, 105, 108, 122, 125, 129, 133, 137, 145, 152)
Picture Alliance (auf den Seiten 10, 23, 25, 27, 30, 40, 42, 47, 51, 65, 70, 72, 75, 80, 88, 91, 94, 97, 99, 100, 101, 110, 112, 114, 120, 127, 139, 142, 147, 149, 151)
Serviceplan Berlin (Seite 13)

IMPRESSUM

Autoren:
Prof. Dr. Ulrich van Suntum
Prof. Dr. Karl-Heinz Paqué
Prof. Dr. Christoph M. Schmidt und
Nils aus dem Moore
Dr. Eberhard von Koerber
Kerstin Andreae
Prof. Dr. Michael Hüther

Herausgeber:
©2012
Initiative Neue Soziale Marktwirtschaft – INSM GmbH
Georgenstraße 22, 10117 Berlin

Geschäftsführer:
Hubertus Pellengahr

Projektleitung/Redaktion:
Marco Mendorf, Leiter Public Affairs
Marc Feist, Consultant

Kontaktaufnahme:
Telefon: 030 / 27877-171
Telefax: 030 / 27877-181
E-Mail: info@insm.de

Grafische Gestaltung:
Serviceplan Berlin GmbH & Co. KG

Verlag:
Institut der deutschen Wirtschaft
Köln Medien GmbH, Köln
www.iwmedien.de

Druck:
Mundschenk Druck + Medien
Mundschenkstraße 5
06889 Lutherstadt Wittenberg

Bibliografische Information der Deutschen Nationalbibliothek.
Die Deutsche Nationalbibliothek verzeichnet diese Publikation in der Deutschen Nationalbibliografie. Detaillierte bibliografische Daten sind im Internet über http://www.dnb.de abrufbar.

ISBN 978-3-602-14897-4 (Druckausgabe)
ISBN 978-3-602-45515-7 (E-Book/PDF)

Die Initiative Neue Soziale Marktwirtschaft (INSM) ist ein überparteiliches Bündnis aus Politik, Wirtschaft und Wissenschaft. Sie wirbt für die Grundsätze der Sozialen Marktwirtschaft in Deutschland und gibt Anstöße für eine moderne marktwirtschaftliche Politik. Die INSM wird von den Arbeitgeberverbänden der Metall- und Elektroindustrie finanziert. Sie steht für Freiheit und Verantwortung, Eigentum und Wettbewerb, Haftung und sozialen Ausgleich als Grundvoraussetzungen für mehr Wohlstand und Teilhabechancen.